第 三 辑

言哲学研究

主编　钱冠连
执行主编　王　寅

YUYAN ZHEXUE YANJIU

Volume

The Forum on the Philosophy of Language

高等教育出版社·北京

图书在版编目（ＣＩＰ）数据

语言哲学研究. 第3辑 ／ 钱冠连主编. －－ 北京 ：高
等教育出版社，2015.11
ISBN 978-7-04-044012-6

Ⅰ．①语… Ⅱ．①钱… Ⅲ．①语言哲学－文集 Ⅳ．
①H0-53

中国版本图书馆CIP数据核字(2015)第270741号

策划编辑	贾巍巍	责任编辑	王代军	封面设计	李小璐	版式设计	魏 亮
责任校对	张 凯	责任印制	尤 静				

出版发行	高等教育出版社	咨询电话	400-810-0598	
社　　址	北京市西城区德外大街 4 号	网　　址	http://www.hep.edu.cn	
邮政编码	100120		http://www.hep.com.cn	
印　　刷	三河市华润印刷有限公司	网上订购	http://www.landraco.com	
开　　本	787 mm×1092 mm　1/16		http://www.landraco.com.cn	
印　　张	7	版　　次	2015 年 11 月第 1 版	
字　　数	150 千字	印　　次	2015 年 11 月第 1 次印刷	
购书热线	010-58581118	定　　价	22.00 元	

本 辑 前 言

费尔迪南·德·索绪尔（Ferdinand de Saussure, 1857—1913）首次将语言学塑造成一门影响巨大的独立学科，开创了结构主义语言学的新纪元，被誉为"现代语言学之父"，当之无愧！

索绪尔1857年11月26日出生于瑞士日内瓦一个书香世家，其父既是生物学家，也是一位地质学家；母亲是一位优秀的音乐家。索绪尔从小就受到了良好的教育，对语言产生了极大的兴趣，学会了法语、德语、英语、拉丁语和希腊语。1875年他进入日内瓦大学主修化学和物理学，但他对理科毫无兴趣，却对语言学课程产生了浓厚的兴趣，并于1876年申请加入了巴黎语言学会，他致力于研究语言的理想得到了父母的理解和支持。1876年他离开了日内瓦大学，转入德国莱比锡大学文学系攻读历史语言学，正式开始了他的语言研究之路。

在莱比锡大学期间，索绪尔于1878年发表了《论印欧语元音的原始系统》一文，成功地把一个在印欧语元音的原始系统中起着重要作用的音拟构了出来，对理解印欧语元音交替的复杂关系做出了重要贡献。同年7月，他离开莱比锡大学赴柏林大学继续学习，1879年返回莱比锡大学提交了博士论文《梵语绝对属格的用法》，1880年2月通过答辩，获得了博士学位。

1880年秋，索绪尔离开德国定居法国巴黎，同年10月，巴黎高等研究院委任索绪尔为哥特语和古高地德语讲师，在以后的10年里，他在此职位上孜孜不倦，勤奋工作，先后讲授了哥特语、古高地德语、希腊语、立陶宛语、梵语和拉丁比较语法，培养了一批著名的语言学家，如梅耶（A. Meillet）、格拉蒙（M. Grammont）和帕西（P. Passy）。1891年他从巴黎回到了他的故乡日内瓦。

1891年10月，索绪尔就任日内瓦大学人文社会科学系教授，主讲梵语和印欧语课程，后期讲授日耳曼历史语言学。1906年索绪尔就任普通语言学教授职位，从1907年至1911年连续三度讲授"普通语言学"课程，1913年去世。令世人遗憾的是，索绪尔生前不仅吝于发表文章，就连留下的笔记也很少，这使得后人很难"直接""透明"地洞悉他深邃的思想。但令人欣慰的是，索绪尔的弟子沙尔·巴利（Charles Bally）和阿尔伯特·薛施霭（Albert Sechehaye）等在1916年根据所收集到的课堂笔记编写出版了《普通语言学教程》（*Cours de Linguistique Générale*）一书，让索绪尔的思想得以发扬，使得语言学成为一门真正意义上的独立学科，结构主义思想得以正式出场。该著作已被学界公认为20世纪结构主义语言学的开山之作，现当代语言学的许多理论都来自于此书。它不仅对20世纪的语言学产生了深远影响，而且还影响到哲学、文学、人类学、社会学、心理学、符号学、逻辑学、宗教、音乐、美术、历史、民俗学、数学、建筑学、医学（精神病学）、机械学、工程学、化学和物理学等诸多领域。

索绪尔的一生是典型的学者生涯，虽没有什么传奇故事，但他对学界的贡献，特别是对语言学的贡献，却具有哥白尼式革命的意义。他在世时就是著名的语言学家，但作为一名伟大思想家的地位却是在他死后才被人们认识到。当然，他的思想也不是空穴来风，而是受到了他所在时代的诸多学术思想的影响，从中汲取了各种营养成分且将它们融会贯通，创造性地将其运用于语言学和语言哲学的研究之中。他所受到的学术影响主要有：

（1）现代社会学创始人埃米尔·涂尔干（Emile Durkheim）的思想，将语言视作"社会事实"，从而将"语言"从以往的附属地位独立出来，为现代语言学的诞生奠定了基础。

（2）奥地利心理学家西格蒙德·弗洛伊德（Sigmund Freud）的重要观点"任何行为都可看成是受一个规范系统所制约的体系"，将语言视作受语言规则限制的系统。

（3）美国语言学家威廉·德怀特·惠特尼（William Dwight Whitney）的观点：语言不仅具有任意性，而且是建立在社会规约上的一种制度。

（4）波兰-俄罗斯语言学家博杜恩（J. N. Baudouin）的社会-心理语言学和静态语言学的主要观点，强调将语言置放在一个静态体系中考察。

（5）西方经济学思想，如商品的价格须在某一价值体系中由"供给"和"需求"两要素来确定，这启发索氏提出了"语言系统"的概念，且创造性地用"横组合"与"纵聚合"来解释词语的价值和意义。

（6）古希腊苏格拉底、柏拉图、亚里士多德等在西方哲学中确立的二分法，索绪尔将其运用在结构主义语言学理论的建构之中，对语言做出了一系列二元切分，如：语言和言语；内部和外部；共时和历时；形式和实体；能指和所指；横组合和纵聚合等。

总之，索绪尔在批判历史比较语言学的基础上发展出"结构主义语言学"，实施"关门打语言"的基本策略，不仅在语言学界成功地发动了一场哥白尼式的革命，而且也有力地推动了当时的语言哲学以及其他许多学科的研究，为20世纪的学术文库做出了不可磨灭的贡献。

在学术界，对那些曾经改变学科发展方向的伟人之最好的纪念方式，莫过于更加深入地洞悉其深邃思想，继承并发展他的理论。2013年适逢索绪尔逝世100周年，"中西语言哲学研究会"于2013年4月20日—21日在浙江工业大学之江学院（由该院与浙江大学语言与认知研究所共同承办）举办了"第二届中西语言哲学高层论坛暨纪念索绪尔逝世100周年研讨会"，与会学者一百多人，较为全面和深入地从各个角度探讨了索绪尔的语言学和语言哲学思想。说其全面，是因为诸多学者从索绪尔的学术人生、教育背景、语言思想、后世影响等方面，对他进行了全面的考察和缅怀；说其深入，是因为在本次会议上学者们还跳出了将索绪尔只看作是语言学家的樊篱，主张将其定位为一位伟大的语言学家兼语言哲学家。

我们从与会者提交的论文和大会发言中精心遴选出7篇论文收入本辑，他们分别是：

（1）潘文国先生的"索绪尔研究的哲学语言学视角"系统论证了：索绪尔在本质上是语言学中的哲学家，而不是一般的语言学家。

（2）江怡先生的"作为哲学家的索绪尔"一文，从三个方面论证了将索绪尔看作语言哲学家的意义之所在。

（3）王寅先生的"索绪尔的语言哲学思想剖析"一文，系统地探析了索绪尔的语言哲学思想，如：语言具有先在性，语言使思想出场；语言即思想，形式即内容；首倡"关门打语言"之策略，聚焦内部要素关系研究；大力倡导整体同构论等。

（4）李葆嘉先生和邱雪玫女士的"走出现代语言学理论形成的个体创始模式"，主张将索绪尔放在其生活的社会大背景下，系统探讨索绪尔语言哲学思想的渊源和影响。

（5）霍永寿先生的"从指称到表义：论索绪尔语言哲学的本质特征"一文从两个方面论述了索绪尔独具特色的语言哲学理论。

（6）鞠玉梅女士的"索绪尔的语言理论与伯克的修辞学说"一文，从五个方面阐述了索绪尔的语言理论与伯克的修辞学说的关系。

（7）伍思静女士的"索绪尔和维特根斯坦语言游戏观之对比研究"一文，探析了索绪尔的"象棋游戏"和维特根斯坦的语言"游戏"观的异同，并探析了其原因之所在。

此外，我们还有幸收集到以下四位著名学者的大作，他们分别是：

（1）钱冠连先生的"论索氏语言哲学——以《普通语言学手稿》判断"，认为作为语言哲学家的索绪尔用自己独特的方式，讨论了"存在、时间、事物、精神与意义"等西方哲学的普遍问题。

（2）法国学者海然热在中国南京大学（2013年10月11日—13日）举办的"索绪尔逝世100周年纪念暨索绪尔语言学思想国际学术研讨会"上的大会发言"关于索绪尔对句法的看法"一文（用中文写作并发言），深刻探析了索绪尔的句法观。

（3）于秀英女士撰写的"《普通语言学手稿》编者前言"亦被收录本文集。她作为我国专门研究索绪尔的主要学者之一，在"前言"中阐发的许多观点（特别是索绪尔的语言哲学观），对学界能更加深刻地认识索氏学术意义产生了很大影响。

（4）马壮寰先生的"语言符号的整体性——兼论符号界定中的歧解"系统论证了如下观点：符号既是代表另一事物的事物，又是一个事物与它所代表的另一事物之间的关联，前者的符号过程处于符号之外，后者的符号过程处于符号之内。

上述11篇论文作为我会的《语言哲学研究（第三辑）》结集出版，以为索绪尔逝世100周年之纪念，缅怀他对现代语言学和语言哲学所做出的杰出贡献，以期不忘先辈大师，再绘未来蓝图。

王　寅　赵永峰

2015年6月26日

目 录

关于索绪尔对句法的看法[1]

今天我演讲的题目是《关于索绪尔对句法的看法》。我使用的素材基本上包含两个方面：一是1916年出版的索绪尔《普通语言学教程》一书。尽人皆知，这本书主要是由他的同行巴利（C. Bally）和薛施蔼（A. Sechehaye）等根据同学们的笔记和索绪尔的一些手稿及其他材料编辑整理而成的；另一是2002年出版的《普通语言学手稿》，即在1916年发现的索绪尔手稿。自从2011年以来，中国语言学家普遍所使用的是于秀英对本手稿既精准又杰出的汉译本。这本汉译著作同样也作为今天演讲的基本材料。

为了理解索绪尔对句法的看法，我们首先应该注意他关于符号的理论。即使大多数语言学家已经熟知这个理论，下面我还要简要地介绍一下：索绪尔认为"语言实体只有结合能指的词音和所指的词义才存在……如果只保留这些要素其中之一，语言就会化为乌有……"。这就像"一串声音必须表示某个观念，才称其为语言；它们本身只是生理学的研究材料。所指一旦跟能指分离，情况也是这样"，例如"'房子''白色''看见'等观念本身属于心理学范畴；它们必须跟声学形象结合才成为语言实体"（《普通语言学教程》，1916，第144页）。这种观念的结果是：索绪尔探索的好像只是语言符号的两个侧面，也就是说"声音"和"意义"。

实际上，索绪尔只在构成列举成分的段落里才提到句法现象。比如说"符号学=（即是说）形态学、语法、句法、同义词现象、修辞学、文体学、词汇学，等等"（《普通语言学手稿》，第32页）。还有其他类似的段落，如"符号和概念[...]这属于形态学、句法学、词汇学等领域，是整体不可分开的"（《普通语言学手稿》，第42页）。我们在另外的段落中也可以读到，像"当某位作家[...]研究某个'语音学的''形态学的'或者某个确定句法的对象——比如说，印欧语系语法上关于阴性的区别[...]，这就意味着他想研究某个消极现象的某领域"等表述。

在《普通语言学手稿》里，索绪尔还谈到关于"所有词尾变化"（或者说所有"名词句法"）（第54和58页）的内容，并且在"名词句法"四个字上加了引号。

根据上面提到的内容，我们可以看出：索绪尔对符号系列的构成现象很关注，也就是说，他对句法学所感兴趣的程度没有他对符号的声音和意义感兴趣的程度大。

我们可以通过《普通语言学手稿》中的段落更清楚地剖析这种观念。例如

---

[1] 本文曾作为"索绪尔逝世100周年纪念暨索绪尔语言学思想国际学术研讨会（2013年10月12日，中国·南京大学）"上的发言稿。感谢孟泽文同学对于本文文法的改善所做的工作。

"一条何时使用完成时的'句法'规则；或者一条（狭义）所谓的完成时的'形态'规则（索绪尔将句法和形态分别加上了引号）；或者一个元音什么时候省音；又或者'Σ'（一个希腊语的声音）在什么情况下被'Ω'（别的希腊语的声音）所取代的'语音'规则。这些都属于同一个事实范畴，那就是：符号在一定时刻依据其差异而具有的符号游戏"。索绪尔在这里有一段插入语，他指出："句法等符号想从这个符号游戏中一方面孤立出'意义'来，但其实这符号游戏只是简单地代表着符号概念上的差异和相合；另一方面想从这个游戏中孤立出'形式'来（简单地指符号中形式的差异和相合），这完全是种错觉。"若诸位对此感兴趣，请进一步参阅《普通语言学手稿》第35页。

索绪尔之所以对句法存有这种观念，是因为他所在时代的句法观念只是历史句法。与其同时代历史句法不同的是，索绪尔提出了自己的新观念，他指出："我们认为不可避免地要对'历史句法'进行观察，而这种活动几乎是无尽的。但是，所有的观察都告诉我们，这门'科学'没有真正的科学基础。科学只能是基于清楚形成的方法而获得的结果。"他还提出："我们要问的是，所谓的'历史句法'的方法是什么呢？"

在汉译本《普通语言学手稿》第73页中，我们找到了这一问题的答案："我们说过，句法无论何时都不是别的什么，不过是倒过来看的形态学而已。有人认为句法构成是一种比形态学更为适宜，或不太适宜，通过时间来研究的确定领域。这想法有问题。如果犯了这样的错误，以后就无药可救了。其次，句法所依靠的形态学，也就是说，我们这里暂时接受这些是被分离的领域——它自己在任何情况下都不可能规则和科学地在时间轴上考察。因此，句法也不会比形态学更可能这样考察。"跟索绪尔所在时代的历史形态学一样，他所在时代的句法学关心的不是语言的一般系统，而是孤立的语言成分和因素。这种观念不能使语言学家发现语言是通过时间发展的。这才是索绪尔之所以批评他所在时代历史句法的原因。但是我们在这里可以发现一个既奇怪又很有趣的矛盾：一方面索绪尔在语言学的历史上第一次奠定了科学性普通语言学的基础。这个革命性理论的三个最著名的方面是："符号的理论"与"语言与言语"；"共时语言学"与"历史语言学"；"横组合关系"与"纵聚合关系"等对立的问题。而矛盾的另一方面是，他探讨句法的障碍正是他自己所创造的，也是他最强调的对立，就是"语言与言语"的对立！为了明白这种奇怪且有趣的矛盾，我们应该时刻记住"符号与句子"的关系，也就是上文所提到的"索绪尔对符号系列所构成的现象所感兴趣的程度，没有他对符号的声音和意义所感兴趣的程度高"。

控制和组织句子的结构就是句法。既然我们已经知道索绪尔对句法所持有的态度，为了更清楚了解为何在《普通语言学教程》和《普通语言学手稿》里没有有关句子理论的原因，我们应该研究索绪尔本人是怎样使用"语言与言语"这一对立概念的。

在《普通语言学教程》第38页中，索绪尔认为"语言的语言学"跟"言语的语言学"是"不可能一脚同时踏上的两条道路"；他本人只对研究"严格意义上的语言学，即以语言为对象的语言学"感兴趣（第38—39页）。随后数页中，当他谈到句子的地位问题时，他认为："句子属于'言语'，不属于'语言'"
（第172页）。这足以将句子从视野中排除。针对句子的地位问题，在同一本书的
第148页，他又指出："既然句子属于言语的范畴，就不能当作语言学单位看待。"

这种排斥，一方面割裂了语言和言语，另一方面又将句子打入冷宫，让索绪
尔的门徒们感到难堪。在索绪尔以后的语言学研究史中，很大程度上恢复了句法
的地位，而句法的主要研究对象正是句子。同时，在言语活动中生成句子的讲话
者也更受重视。

古典时期的波尔–罗雅尔（Port-Royal）学派和延续至20世纪头几十年的
哲学语法学派代表了一种一直十分重视句法的传统，而且词序问题的论战使得
这一传统声名远扬。在20世纪后半叶，转换生成语法恢复了句法的地位，或者
说，给恢复句法名誉的工作注入了新的活力。然而，我个人认为，**转换生成语
法忘记了句法本身无法独立存在，语言是要传达意义的这个事实**。并且，在乔
姆斯基（N. Chomsky）以前，从巴利（C. Bally）到雅柯布逊（R. Jakobson），
包括费雷（H. Frei）和戴涅（L. Tesnière）等人的许多著作都已经给予句法以
重要的地位了。（参阅拙著*La Grammaire Générative: Réflexions Critiques*，Paris
Presses Universitaires de France，1976，p. 101. Critical reflections on generative
grammar，in Lake Bluff（Ill.），*Edward Sapir Monographs Series in Language*，
Culture and Cognition，10，1981，p.168-169.）

根据索绪尔的学生A. Riedlinger，我们得知索绪尔在其最后一段时间的课
上，即1910—1911年，对学生们说"他打算教授一门关于言语的课程"（请参阅
拙著La vulgate et la lettre，ou Saussure par deux fois restitué，*Cahiers Ferdinand de
Saussure*，56，2004，p.117.）。但不幸的是：1913年，在他56岁的时候，发生
了一起惨痛的事故，他突然离世了，这使他无法如愿以偿。

我们最好不要寄希望于索绪尔生前对言语探索的假设。应该强调的是他认
识到言语的重要性。另外，索绪尔的理论对现代语言学的影响也是卓著的，
如对语言类型学的贡献。我个人认为**没有共时语言学与历史语言学，横组合关
系与纵聚合关系等对立，就没有语言类型学**。这也正是本人工作的一个重要领
域。索绪尔所创造的对立，不仅对本人关于类型学的研究有很大的帮助，而且
对我在其他领域的研究，例如对梵语、希腊语、俄语、日语、阿拉伯语、希伯
来语、匈牙利语、土耳其语、印度尼西亚语等的研究，和对主语/谓语中间的
关系、主有式、量词系统、介词系统、语用学与语义学的关系、次序问题、宾
格与作格的关系、语法范畴、动词与名词等不同方面的研究提供了更强有力的
帮助。

结论

根据《普通语言学手稿》，我们得知："句子仅存在于言语。"但在我看
来，索绪尔之所以有这种看法，是因为他没有发现一个十分重要的语言现象，那
就是词组并不是唯一值得语言学家注意的现象。其实我个人认为，这个十分重要

的语言现象是我所建议称作"句组"的语言现象。这里我所提及的"句组",即每种语言都有各自的句子体系,或者我们也可以说,每种语言能使说话者建立互相语义关系的句子,比如说:

——肯定与否定句,
——问题与回答,
——直译与意译等。

我们可以设想,虽然在《普通语言学教程》和《普通语言学手稿》两部著作里索绪尔都没有提及有关句子的理论,然而在我看来,语言天才索绪尔曾有创造一个句法学理论的可能性。

论索氏语言哲学

——以《普通语言学手稿》判断

广东外语外贸大学　钱冠连

　　摘　要：首先分析下面这一问题是如何提出来的：现代普通语言学创始人的《普通语言学手稿》算语言哲学吗？然后讨论索氏语言哲学的独特风格。本文得出结论：如果说，分析传统的语言哲学是用语词来达至现实世界、可能世界、虚体与抽象体的话，那么，索氏就以他（1）有别于分析传统的语言哲学（罗素—早期维特根斯坦—摩尔）的独特风格，即充满分析思辨与缜密的思想的叙述，（2）尤其是在语言的"有价值的构件"之内，在谈论普通语言学的种种细微研究对象的同时，总是不忘讨论存在、时间、事物、精神与意义等等这些西方哲学的普遍问题。重要的是，通过索氏在《普通语言学手稿》中16个高频率词与12个西方"思想范畴"相比较，可以说，索氏的哲学体系完全可以被整合到西方哲学这个更大的知识框架中。在这样的理论背景下，他完成了他的语言哲学，也为我们提供了他原创的普通语言学。这两个堪称伟大的贡献，在索氏的《普通语言学手稿》中赫然在目。

　　关键词：索氏语言哲学；索氏独特风格；西方哲学的普遍问题；普通语言学

On Saussurian Philosophy of Language on the Basis of *Ecrits de Linguistique Générale*[1]

Abstract: Can *Ecrits de Linguistique Générale* of the father of contemporary general linguistics be considered as a kind of philosophy of language (PL, hence)? An affirmative answer is given by the author.

Provided that PL in the analytic tradition (as practised by Russell, the early Wittgenstein, and Moore) has reached the real world vs. some possible worlds, and abstract entities vs. empirical objects and stuff located at places and times and so on in linguistic terms, Saussure has established Saussurian PL in the following two terms.

(1) The unique styles of Saussurian PL are his meticulous contemplation and philosophical argumentations.

(2) Especially, using his valuable *piece (morceau or membre)*[2], he talked about

---

1　*Ecrits de Linguistique Générale* by Ferdinand de SAUSSURE，with its Chinese version translated by Yu Xiuying from French into Chinese.

2　*Ecrits de Linguistique Générale*, p.111; its Chinese version by Yu Xiuying, p. 94.

various delicate objects of general linguistics; at the same time, never did he forget discussing such universal problems in Western philosophy as being, existence, space, time, things, spirit and meaning, etc.

More importantly, the contrast between 16 high-frequency words used in his manuscript and 12 categories of thought (which are seen as the most general categories of thought in Western philosophy) has shown us that Saussurian Philosophy can be completely integrated into a greater framework of knowledge of Western philosophy. Against this theoretical background, he has both established his philosophy of language and provided us with general linguistics which is original with himself. The two great contributions made by him are strikingly revealed in the same manuscript.

Key words: Saussurian PL; Saussurian unique style; universal problems in Western philosophy; general linguistics

1. 语言学创始人的《普通语言学手稿》算语言哲学吗?

我们提出的问题是：以《普通语言学手稿》（以下简称为《手稿》）看，索绪尔算语言哲学家吗？如果是，为何分析传统的语言哲学[1]与索氏语言哲学之间，没有通常见到的那种互相的哲学呼应？轻易下结论，对付不了任何追问。一个不能抹去的疑惑是，分析传统的语言哲学家与索氏的著述中，两者互相砥砺、讨论、挑战的记录很少见到，这是不可思议的事情。

索绪尔，生卒之年在1857—1913，享年56岁。分析传统的语言哲学运动或潮流滥觞于20世纪初叶的"哲学的语言性转向"，这个转向姑且就算1900年左右开始吧，索绪尔此时43岁左右了，也不见他们双方之间有何互相的哲学呼应。他43岁之后到1931年去世前，活了13年，此间，仍不见他们之间的互相呼应。《手稿》中没有提及分析传统的语言哲学家的名字与作品，反过来，也未见后者提及索氏的什么著述。分析革命潮流停止于20世纪70年代，就算止于1970年前后吧，而此时的索氏已经辞世57个年头了。这就是说，索氏根本没挨上后来的分析革命的鼎盛与结束。他们两者没有呼应，就可以理解了。但这绝不是说，他们二者之间没有相互地影响。

---

[1] 参见philosophy of language条目, Nicholas Bunnin, JiyuanYu, 2001, *Dictionary of Western Philosophy: English-Chinese*, Beijing: People Publishing House. P. 755: "In a broad sense, philosophy of language is nearly synonymous with analytic philosophy." 在广义上说, 语言哲学是分析哲学的同义词。

2. 奠基于语言学的哲学

法国的布凯（Bouquet）与瑞士的恩格勒（Engler）是《手稿》（索绪尔2011）整理编辑者，他们在编者前言中指出：

"这门专门为他设立的课程名称（普通语言学）是否妥当，索绪尔似乎从未多加考虑，他提到更多的是，他的教学目标是'语言学哲学'（une philosophie de la linguistique）。"（p.1）

"语言学哲学"，其义在他的哲学是奠基在普通语言学之上么？从一门基础学科出发上升到哲学那里，不乏成功的先例：恩格斯从自然发现辩证法，杨振宁从物理谈到哲学，还有人从文学谈到哲学。通读全书发现，既然从头至尾坚持在普通语言学的框架内谈论存在、时间、事物、精神与意义等等，索氏为自己的研究取名语言学的哲学，就顺理成章了。

本文主张，索氏的语言学哲学（建议英文试用linguistic philosophy），具有与分析传统的语言哲学（the philosophy of language）不同的哲学目标。

分析传统的语言哲学的目标是："以语言的方法重铸西方哲学的千年老题"（B. Maria，1999），按本文作者的说法是"从语言进，从世界出。"所谓"从世界出"，即达至了世界一束【世界、实在、对象、实体或虚体、事物、是、存在（the world, reality, object, entity, thing, being, existence）】（钱冠连2010）。还要进一步地说，那便是用语词来达至现实世界（the real world）、可能世界（a possible world）、虚体（virtual entities）与抽象体（abstract entities）。例如，分析传统的语言哲学家大谈现实世界里的晨星、晚星等等东西，言说可能世界时必须用"可能性"表述可能事件，讨论虚体里的金山、独角兽、林黛玉等等，论述抽象体时提到五大出名的抽象体：数、命题、性质、关系、类。用蒯恩的纲领性口号，那便是"从谈论对象转变到谈论语词"（Quine 1960），这样就方便地避免了谈论"非语言对象"——诸如"点、英里、数、属性、命题、事实或类"——所带来的麻烦。一言以蔽之，分析传统的语言哲学的手段是：用语词来……，其目标是：……达至现实世界、可能世界、虚体与抽象体。综合起来说，分析传统的语言哲学就是用语词来达至现实世界、可能世界、虚体与抽象体。

索氏的语言学哲学（une philosophie de la linguistique）的哲学目标之一是全面阐述什么是他创建的普通语言学：言语活动的二元本质、语音学、声音形象、价值、意思、意义、价值与形式、形态学、语音与意义、形式-声音形象、语音变化与语义变化、符号学、语言的本质，等等。

请注意，这两者（索氏的语言学哲学与分析传统的语言哲学）的出口是不同的。索氏在语言系统里转圈子。对这个局限（一个伟大的进步往往伴随着一个局限，正常得很），王寅多次正确地指出过他"关门打语言"的观点（王寅2014）。不过，如果从这一点局限断言，索氏的这一套不是语言哲学，那就错了。王寅多次指出索氏是语言哲学家。从索氏的哲学目标之二，就可以发现，他的这一套理论阐述，正是语言哲学（下见第3和第4部分）。

至此，只要从《手稿》的事实即材料出发就可断定，索氏的语言学哲学的一个重要方面，是以哲学的方法（in philosophical terms）来研究的语言学。

3. 索氏语言哲学独有的风格

本文用的"索氏语言哲学"（*Saussurian* philosophy of language）这个表达式，其义在突出索氏独有的风格。

本文作者主张，把《手稿》当做具有他自己独特风格的语言哲学，我们不必用分析革命的传统去要求他。当许多人遵循分析传统的时候，我们应该允许另外的人不遵循。没有必要要求大家都遵循一个传统。这是第一个理由。

理由之二，索绪尔自己与《手稿》的编辑整理者布凯与恩格勒，多次声称与强调索氏的工作叫语言哲学。请见下面这些材料，我们就可以发现，他们自己的宣称是有道理的。

两位编辑者在前言中说，"第二个知识领域则是关于语言的分析思辨活动领域（亚里士多德分析论意义上的）——有时扩展到意义更为普遍的问题——索绪尔本人多次将其定性为哲学的：于是人们还可以像他那样用语言哲学（philosophie du langage）一语来表示。"（p.2）请注意，索绪尔换用了语言哲学（philosophie du langage），而不是语言学哲学（une philosophie de la linguistique）！凡是通读过《手稿》的人都会发现，索氏前后行文多次不一致、改变，这表明了他写作过程中的时时变化着、时时修改中的思想。这是不难理解的。从这一段引言里，我们得到一个重要的启示：因为他把"语言的分析思辨活动"扩展到意义更为普遍的问题，故他"本人多次将其定性为哲学的"。这就是他的哲学的风格之一：贯穿《手稿》自始至终的分析思辨。我们稍后会给出一些证据加以强调。

不过，现在我们还是继续听布凯与恩格勒提供的新的证据："说到日内瓦大师缜密思想的建立——无论是从认识论的还是哲学的——其实正好符合这一思想的两个方面，显然都被编者（巴利与薛施蔼[1]）忽视了：这就是比较语法的认识论和语言哲学。"（p.3）这里又得到另一个启示：索氏从认识论上建立了缜密的思想。

布凯与恩格勒往下说，"戈德尔是用稿本探源……稿本探源将与这些手稿联系起来，致使其重要性降低，其卓然独立的一面没有显示，而这恰恰是索绪尔思想中至关重要的一面——尤其是他的语言哲学。"布凯与恩格勒再次强调了索氏的语言哲学。

两位编者指出，"他还认为语言学中语词的难题就是事物的难题，如此看来，这本书是对语言学进行彻底的革新。"这里披露了索氏的一个极为重要而又

---

[1] 指的是巴利、薛施蔼与里德林格合作整理，巴约（Payot）出版社出版的《普通语言学教程》，洛桑-巴黎，1916。

容易被人忽略的思想：语词的难（在描述世界、描述一物时），难在事物本身。西方语言哲学中有两个常常出现的表达式，即how things are/stand（事物是怎样存在的），how the world is（世界是如何存在的），说的就是这种情形。这两个表达式，说出了语词如何指称一物，并使一物出场的；语词在指称中自然就要求被人理解其义，不理解其义，就无法完成指称过程。弗雷格与罗素等语言哲学家的工作表明，在事物本身难以确定的情形下，描述也就难。反过来，语词描述不准确，当然也不能完成对事物本身的指称。这一下就将语词与世界或事物挂上了钩。语言哲学的中心内容（指称与意义）已经在这里了。索氏"认为语言学中语词的难题就是事物的难题"，就凭这一认识，就可断言索绪尔就在语言哲学的门内，一点也不夸张的。

4. 最难得的特点与风格

现在，我们回过头来补充索氏语言哲学的独特风格，看他的《手稿》如何充分表露了语言的分析思辨，如何形成了缜密的思想。例如，"把形式与意义相对立起来是错误的（而且行不通）。反之，正确的做法是把声音形象（figure vocale）与形式–意义（forme-sens）相对立起来。"（《手稿》p.3）索氏非常强调二元对立，语言建立在一定量的可识别的差异或者对立之上。但是，这样对立不行，要那样对立才行：形式–意义是一体的，不是对立的。索氏一反语言学家众口一词地把语言的形式与意义对立起来的思想，提出了他既有思辨，又有缜密的思考的新的对立关系：声音形象与形式–意义的对立。我们要强调的是，他全书充满了分析思辨与缜密的思想的叙述。这种叙述之多，多到目不暇接；给人的印象之深，深到令人叹为观止。余不再赘。

更为重要的独特风格在下面。

他深陷语言系统，在语言的"有价值的构件"[1]（即语音学、声音形象、价值、意思、意义、价值与形式、形态学、语音与意义、形式–声音形象、语音变化与语义变化、符号等等）之内，在谈论普通语言学的种种细微研究对象的同时，总是不忘讨论存在、时间、事物、精神与意义等等，这是索氏语言哲学最难得的特点与风格。兹佐证如下：

"任何声学的质体都如此，因为它受制于时间，在一定的时间内实现，这一时间过后便坠入虚无中，……乐曲在哪儿？这就如问*aka*在哪儿一样，……乐曲伴随演奏而存在，可是把演奏的过程看作它的存在，那就错了，乐曲与演奏同时存在。"（《手稿》p.19）*aka*在哪儿？*aka*不过是自然语言的语音链之一环，这种存在（existence），只占时不占空。不占空间的存在，人们难以发现。像这样讨论存在，就已经是西方哲学的本体了。

"语言形式对说话人的意识而言是确定的声音形象，也就是说既是存在的又

---

[1] "有价值的构件"一说，在《手稿》中的地位很重要，第53页。

是限定的。"（《手稿》p.24）又是谈存在！

"任何物体无法用一词准确且专一地来指示，这无法取消物体（objects materials）"（《手稿》p.25）假如在此我们把分析哲学家经常用的指称（reference）取代上面引言里的指示（法语原文词？）一词，这就与分析传统的腔调如出一辙！这一下就涉及了分析传统的语言哲学的核心内容：指称与意义。

"意义只是表达某形式价值的一种方式，这一形式价值，在每一时刻，都完全取决于与其共存的形式，所以这是一种神秘活动（enterprise），一种不仅是想就意义本身追寻这一意义而言（完全不再属于语言学），而且甚至是想相对于一种形式追寻这一意义而言的神秘活动。"（《手稿》p.28-29）劈头一句，直截了当地进入了分析传统的核心内容：意义研究。如果硬是要给索氏语言哲学的意义观像分析哲学那样贴一个标签的话，我们便用上"意义的共存形式观"这一标签。

"谁说符号，就等于说意义；谁说意义就等于说符号"（《手稿》p.32）他再说意义，明确而雄辩，而且主张"符号与意义同一"。

索氏语言哲学最难得的特点与风格之二，索氏深陷语言构件之中，在他的书中，多个页面（页面不是出现次数，出现次数会比页面多得多）出现西方哲学中的普遍术语（术语即概念）：在37个页面中提到"变化"，89个页面提到"事物、东西"，60个以上页面出现"差别、差异"，60个以上页面出现"精神"，90个以上页面出现"事实"，80个以上页面出现"形式"，90个以上页面出现"理念、观念"，50个以上页面出现"对象"，50个以上页面出现"现象"，70个以上页面出现"关系"，40个以上页面出现"现实"，80个以上页面出现"意义、意思"，50个以上页面出现"符号"，50个以上页面出现"时间"，50个以上页面出现"单位、统一体"，80个以上页面出现"价值"。以上列举索氏高频率词或概念共约16个。本书的中译本译者于秀英[1]统计"单位"出现的频率高达200次！以上这些关键词，几乎全是西方哲学的通用词！当我们说它们"几乎全是西方哲学的通用词"时，我们还有西方"哲学家恒久关注的最一般的思想范畴"（the most general categories of thought）[2]的印证。最一般的"思想范畴"有12个，它们是：space, time, reality, existence, necessity（必然性），substance（物质），property（性质），mind（心智），matter（命题内容），states（状态），facts（事实），events（事件）。索氏16个高频率词与12个西方"思想范畴"，两相比较，有三个——time, reality, facts——是共有的，另外，索氏的高频率词things（事物、东西）与思想范畴之一的substance（物质）深层次相通。这就是说，索氏的哲学体系完全可以被整合到西方哲学这个更大的知识框架中！窃以为，这更有力地证明了《手稿》的哲学性质。换句话说，西方哲学家恒

---

[1] 顺及：在此，本文作者要对于秀英先生在中国传播索绪尔《手稿》思想所做的重大贡献，表示由衷的感谢。
[2] Simon Blackburn 1994: 57.

久关注的最一般的思想范畴与索绪尔所关注的那些概念，是相通的。

结论：如果说，分析传统的语言哲学是用语词来达至现实世界、可能世界、虚体与抽象体的话，那么，索氏就以他（1）有别于分析传统的语言哲学的独特风格，即充满分析思辨与缜密的思想的叙述，（2）尤其是在语言的"有价值的构件"之内，在谈论普通语言学的种种细微研究对象的同时，总是不忘讨论存在、时间、事物、精神与意义等等这些西方哲学的普遍问题。重要的是，通过索氏在《手稿》中16个高频率词与12个西方"思想范畴"的两相比较，可以说，索氏的哲学体系完全可以被整合到西方哲学这个更大的知识框架中。这样的理论背景下，他完成了他的语言哲学，也为我们提供了他原创的普通语言学。这两个堪称伟大的贡献，在索氏的《手稿》中赫然在目。

索氏语言哲学的附加特征：索氏在《手稿》中，除了两三处宣称他的工作是"语言学的哲学""语言哲学"和"哲学的"之外，并未使用诸如"我提出的哲学问题是……""我的路径是……""我遵循的方法是……""我的解决方案是……"这样的指示语，没有。也就是说，作为他的语言哲学的附加的特点或习惯，正是不打语言哲学的招牌而行语言哲学之实。这当然给本文的工作带来了一定的困难。这些讨论是否庶几接近索氏语言哲学的真相？让我们拭目以待。

参考文献

[1] 钱冠连，2010，语言哲学研究：第一辑[C]. 北京：高等教育出版社.

[2] 索绪尔，2011，普通语言学手稿[M]，Bouquet 与 Engler 整理，于秀英翻译，南京：南京大学出版社.

[3] 王寅，2014，语言哲学研究：21世纪中国后语言哲学沉思录[M].北京：北京大学出版社.

[4] Baghramian, M. 1999. *Modern Philosophy of Language*[M]. Washington: Counterpoint.

[5] Blackburn, S. 1994. *Oxford Dictionary of Philosophy*[Z]. Oxford & New York: Oxford University Press.

[6] Bunnin, N. & Yu, J. 2001. *Dictionary of Western Philosophy: English-Chinese*[Z]. Beijing: People Publishing House.

[7] Quine, V. *Word and Object*[M]. Cambridge, Massachusetts: The M. I. T. Press.

索绪尔研究的哲学语言学视角

——纪念索绪尔逝世100周年

华东师范大学　潘文国

摘　要：索绪尔在本质上是语言学中的思想家而不是一般的语言学家。从哲学语言学的角度看，索绪尔的最大贡献是提出了"抽象"和"系统"两个方法论原则，作为建立"科学"的语言学的基础。只有从哲学语言学的角度才能看清索绪尔的真正历史定位以及他对今天语言研究的意义，也才能真正看清20世纪"现代语言学"的来龙去脉和发展走向。

关键词：索绪尔；哲学语言学；现代语言学

Ferdinand de Saussure: A Study from the Perspective of Philosophical Linguistics

Abstract: Fundamentally, Ferdinand de Saussure is a philosophical linguist rather than a linguist in the common sense. He sets up "abstraction" and "systematization" as the main methods to establish a "scientific" linguistics. His theories and contributions to linguistic history and "modern" linguistics can only be understood from this perspective.

Key words: Ferdinand de Saussure; philosophical linguistics; "modern" linguistics

今年2月22日是瑞士语言学家、哲学家索绪尔（1857—1913）逝世100周年，索绪尔是众所周知的"现代语言学之父"，又是20世纪重要哲学思潮结构主义的创始人，在哲学和语言学这两个领域都曾产生过重要的影响。但在今天某些人看来，他似乎已经"过时"了。不是吗？在语言学界，乔姆斯基革命宣告了结构主义语言学的终结，而现在又进入了"后乔姆斯基"时代，各种新语言理论正层出不穷；在哲学界，德里达的解构主义解的就是结构主义，而解构主义似乎也已过时，现在又提出了什么建构主义，正吸引着越来越多的人的目光。那么，今天再提索绪尔，纪念他，研究他，其意义和价值究竟何在呢？

我认为，索绪尔的真正价值，并不在于他是个一般的语言学家，更不在于他是个一般意义上的哲学家。事实上，无论从索绪尔的出身、经历、他所受的教育及一辈子从事的工作来看，他都与哲学和哲学家没有任何关系。索绪尔的真正价值，在于他是一个语言研究中的哲学家，或者说，是哲学语言学家。我们也许有过很多语言学家，很多哲学家，但没有几个真正的哲学语言学家。索绪尔的哲学语言学思想，是20世纪思想界的宝贵财富，不仅使他开创了他那个时代的语言研究，而且启发、引导了其后直到今天的语言研究。即使到将来，他也是一个绕不过去的人物。这就是索绪尔的历史定位。而这个定位，我们只有从哲学语言学，而不只是从一般的语言学着手，才能真正体会到和发掘出来。

哲学语言学与语言哲学是两个容易混淆的概念。多年前我曾撰文（潘文国2004）专门区别过这两个概念。简言之，语言哲学从语言切入研究哲学，是属于哲学的一个分支学科。哲学语言学从哲学思考着手研究语言学，是属于语言学的一个分支学科，而且是最核心的学科。没有哲学语言学，语言学就得不到发展。语言哲学从语言出发研究哲学，语言是前提，哲学是归宿；哲学语言学从哲学出发研究语言，哲学是前提，语言学是归宿。一般来说，前提不需要质疑，要质疑和拷问的是研究对象中的核心概念和命题。比方说，语言哲学不会去问"语言是什么"的问题，而哲学语言学要问的第一个问题就是"语言是什么"。这就是语言哲学与哲学语言学的最明显和根本区别。

而从一般语言学角度与哲学语言学角度研究索绪尔的区别在哪里呢？一般的语言学角度会就索绪尔关于语言和语言研究的具体观点和概念进行探讨，例如什么是语言和言语？索绪尔自己对语言和言语的定义是否明确？为什么说任意性是语言学第一条原则？任意性与理据性关系如何？为什么说语言是线性的？语言有没有非线性成分？等等。这些当然也是有意义的，但不是哲学语言学特别关心的。哲学语言学更关心的是这些具体观点背后的东西，关心索绪尔的立论的依据和出发点，诸如他为什么要从这样的角度来研究语言？他心目中的语言学应该是什么样子？索绪尔的语言思想对后人有什么启示？等等。大体可以概括为以下三个方面：

一、索绪尔语言思想的核心究竟是什么？为什么把他称为"现代语言学之父"？他的"现代性"体现在哪里？与"前现代性"的区别又在哪里？如果说索绪尔相对于之前的语言学（例如语文学和历史比较语言学）是一场"哥白尼式的革命"，则其"革命性"体现在哪里？

二、索绪尔的思想是完全横空出世的吗？他对前人真的是一无依傍吗？如果有，他对前人的继承体现在哪里？发展又在哪里？

三、索绪尔对后人的影响究竟在哪里？他的"现代语言学之父"的地位意味着什么？他的思想有多少被后人继承了？多少被忽视了？多少被曲解了？我们今天已经摆脱了索绪尔了吗？还是仍然生活在他的"阴影"中？索绪尔的历史价值究竟是什么？

这些问题的思考将使我们更深入、完整、全面地理解索绪尔，也更能看清我们如何沿着索绪尔开拓的道路继续前进。而这，都必须用哲学语言学的方法。由于这三个方面的问题都是非常大的问题，需要作很多考证和研究，这里只能谈一点粗浅的看法。

1. 索绪尔语言思想的核心

　　索绪尔语言思想的核心是什么？或者说，他进行语言研究的方法论是什么？我认为从根本上去看，主要就是两个东西：1. 抽象。2. 系统。这两个思想决定了他的研究不同于前人，也是他自我定性为"科学"而且超越前人的地方。"现代语言学"的"现代"性指的就是索绪尔所定义的"科学"性。而我们理解和评价索绪尔理论的得失也要从这两条开始。

　　"抽象"是一种思维方法。索绪尔运用抽象方法可说贯穿始终，我们可以举三个例子来看。首先，我们可以从哲学语言学的根本之问开始："什么是语言？"一般人解答这个问题大约会在"什么"上做文章，尝试给出各种的回答，而索绪尔不是。他首先从"语言"开始，一下子提出了三个概念：言语活动、语言、言语，其关系可以大体表述为"言语活动＝语言＋言语"。这就使人耳目一新。然后他对三者进行了分析，认为"言语活动"是一个混杂的总体，必须加以提炼，从中提炼出来的具有社会性的部分，叫做"语言"；属于个人的部分，叫做"言语"。由于"言语活动"和"言语"都混杂且多变，不能成为科学研究的对象，语言学的研究的对象只能是"语言"。把常人说的"语言"一下子一分为三，而语言学不以所有语言为对象，而只以其中之一为对象，这是前无古人的。这个分类中就运用了"抽象"的思维方法。在他看来，人们平常使用的"语言"概念不清楚，没法直接进行研究，只有把其中具有同质的东西抽出来，才能建立一门科学，而这个东西就是"语言"。请注意，在索绪尔的三个概念里，"言语活动"和"言语"都具有具象的内容，是可以感知的，而"语言"纯粹是心理的，因而是抽象的结果。必须指出，索绪尔的这个区分并不很容易理解，而翻译更增添了理解的混乱。在法语中索绪尔用了三个词来表述这三个概念：langage＝langue＋parole，其间关系还算是清楚的。但在英语里却成了language＝language＋speech，汉语中勉强用了个"言语活动"翻译langage，但这不像一个术语，因此更多的情况下还是跟着英语走，这样就成了"语言＝语言＋言语"。中国的语言研究者也许读了索绪尔的书能够知道有"语言的语言学"和"言语的语言学"，但估计很多人搞不清他自己在研究的"语言学"，是属于索绪尔讲的"语言的语言学"呢？还是"言语的语言学"？甚至还可能是"言语活动的语言学"？语言和言语的区分非常重要，因为"语言"经过索绪尔的定义，只是个抽象的系统，只具有心理的现实性，却不是人们实际使用的（实际使用的是"言语"），而"言语活动"更是个混杂物，既有抽象部分，又有具体部分。我们谁能保证明明在研究的对象是"言语活动"，却又信誓旦旦地说自己搞的是索绪尔开创的"现代语言学"呢？范晓先生（2005）看到了这个问题，因而建议把这三个概念重新译成"言语＝语言＋话语"，但他要用"言语学"来包括"语言学"和"话语学"，从而打乱现有的术语体系，恐怕难以推广。

　　抽象的第二个例子是他对"语言"的定义，现在引用索绪尔学说的往往把这个定义简单说成是"音义结合的符号系统"，其实这并不符合索绪尔的原意。对很多语言研究者来说，"音"和"义"都是实实在在、可以把握的东西。但这不是索绪尔理解的语言。在索绪尔的语言定义里，构成符号一方的不是"音"，而是"声音形象"；另一面的"义"也不是具体意义而只是"概念"，是从事物中抽象出来的，甚至不是词本身。他并且强调，符号的这两个部分都是属于"心理"的。这样，在"音"的一方有两个概念："声音形象"和"声音"，在"义"的一方也有两个概念："具体事物"和"概念"或"意义"。两者都是一虚一实，而索绪尔取的都是"虚"的，即抽象的部分，把"实"的部分都给了"言语"。这与很多人通常的理解和处理又很不一样，在他之前的语言研究者中也是没有过的。这是索绪尔抽象思维方法的又一体现。

抽象的第三个例子是他的"共时语言学/历时语言学"或"静态语言学/演化语言学"的两分，其中"静态语言学"或"共时语言学"的概念又是他的全新发明，在前人那里是完全见不到的。为什么见不到？因为它根本就不存在，又是一个心理的产物。语言的使用瞬息万变，也许我们可以把一本书、一张报纸、一出戏剧里面使用的语言说成是"静态"，但要把索绪尔定义的某个语言社团使用的全部心理语言，看作是在某个瞬间凝固成的一个"静态"，并且作为研究的对象，那还是要有相当的想像力的。

总而言之，从索绪尔对语言的定义、它的基本单位及系统等来看，无一不是抽象思维的结果。相对于索绪尔之前的语言研究都针对实实在在、人们处处可见的语言（就是历史语言学的构拟，也是从实实在在的语料出发的），我们甚至可把索绪尔的语言学称作一种"虚语言学"，以别于被他排斥的以"言语"为研究对象的"实语言学"。

索绪尔语言学的第二个核心概念是"系统"或"结构"。从索绪尔的语言学被后人称为"结构主义语言学"并且由之导致了结构主义思潮来看，其重要性和地位是不言而喻的。"系统"或"结构"这个词可能不是索绪尔最早使用的，但他的"系统"或"结构"有个最大的特点是别人所不具备的，就是"自足性"，这使他的"结构主义"打上了鲜明的个人印记。索绪尔的"自足性"有几个表现：

一、系统的"自足性"。索绪尔认为凡系统必须是自足的，不自足的就不能成为系统。他区分了"语言"和"言语"，但只把"系统性"给了"语言"，在他看来，"言语"是没有系统性可言的。而由于"语言"属于整个语言社团，不属于个人，因而个人也不可能拥有整个语言"系统"。

二、粒子的"自足性"。构成索绪尔"语言"系统的基本粒子是"符号"，符号由所指和能指组成，但却像是一张纸的两面一样，不容切割。因此索绪尔断然否定对"所指"和"能指"的分别研究，认为那只属于心理学和语音学，却不是语言学的任务。今天所谓的"语音学""语义学"，乃至"语法学""词汇学"，在索绪尔语言学里都是没有地位的。

三、关系的"自足性"。关系指的是系统与构成它的分子间的关系。系统是自足的，每个分子就其构成来说也是自足的，但其在系统中的地位却是不自足的，它只依托系统而存在，只有在整个系统中才能体现其价值。用索绪尔爱用的下棋作比喻，每个棋子只是在下棋这个系统中才有意义，否则就只是某种材料做成的什么玩意儿而已。

四、动态的"自足性"。索绪尔强调"语言"的共时性，只有"共时语言学"才能成为系统，所谓历时语言学只是无数共时语言系统的叠加，它本身并不构成系统。语言个别要素的演化在他看来都属于"言语"而不是"语言"。

索绪尔的"自足性"实际上是一种非常彻底的整体性。按照这种理论，整体与其所由组成的个体间关系极其紧密。一方面，个体的价值完全依在整体中的地位而定，比方说，一个词的意义和作用取决于其在整个语言系统中的地位；而另一方面，每个个体的变化必然会引起整体的变化，所谓"牵一发而动全局"。例如，增加了一个外来词，整个语言的词义系统和功能系统就会重新作出调整。因而索绪尔的系统从某种角度看又是一个动态的系统（或者说是"历时语言学"的不同阶段）。

除了"自足性"之外，索绪尔的"结构主义"还有一个重要的特点是其抽象性。按照一般想法，组成"结构"或"系统"的总应该是实体，例如在语言中的词类和句子成分等。但这不是索绪尔考虑问题的方法。构成索绪尔语言系统的基本粒子是抽象的"符号"，而构成的方式是两种"关系"：句段关系和联想关系[1]。语言中每个成分（如一个词）通过这两种关系与其他成分相联系，并确定自身在语言中的"价值"。也就是说，一个词的意义和功能不是由它自身决定的，而是由它在整个系统中的地位、与其他词的关系而确定的。这又是索绪尔一个与前人研究的绝不相同之处。

上面谈了索绪尔语言学思想的两个核心，抽象思维和系统思维。通过这两种思维索绪尔构建了他的别具一格的语言学理论。换句话说，在索绪尔看来，抽象性和系统性是建立"科学"的语言学的两个最基本条件。不管我们是否同意他所建立的语言学、那些概念、术语和体系，只要我们承认索绪尔的这种观点和态度，我们就得承认他的理论的现代性和超越性。

至于他的理论的革命性，甚至是"哥白尼式的革命"，指的是他的理论完全颠覆了西方自柏拉图、亚里士多德以来对语言的认识，就像哥白尼之前人们都认为是太阳绕着地球转，而哥白尼却告诉人们是地球绕着太阳转一样。按照传统的观点，语言是受制于人的，只是人使用来认识世界和进行交际的工具，而索绪尔说：错了！人的言语活动包括语言和言语，语言是语言社团集体拥有的，个人完全不能左右。人日常使用的只是言语，而言语的使用必须服从"语言"的规则。换句话说，就个人而言，人反而是受制于语言的。这里甚至已有了后来沃尔夫"语言决定论"的味道。这不是一场确确实实的哥白尼式的颠覆性的"革命"吗？

---

[1] 这是高名凯的译法，但他认为，把syntagmes译成"句段关系"容易与"句法"（syntaxe）相混，而索绪尔并不喜欢"句法"，因而有点不得已，不如译成"组合关系"。后人有把它译成"组合关系"的，但相应地，又把"联想关系"译成了"聚合关系"。我认为"聚合关系"的译法也不合索绪尔原意。

2. 索绪尔对前人语言思想的继承和扬弃

由于索绪尔语言思想的横空出世，改变了全世界对语言研究的看法，引起了一场语言学革命和"现代语言学"的建立，人们开始对索绪尔思想的渊源产生了兴趣，希望找到索绪尔思想的来源。这是十分正常的。然而由于索绪尔这一个案的特殊性，这个问题似不容易回答。索绪尔生前只发表过一篇论文，就是他的博士学位论文，写的是历史语言学方面的，这跟他的普通语言学思想几乎没有什么关系。其后二十多年他没有发表任何东西，而我们看到的《普通语言学教程》，是他去世后经学生根据讲课笔记整理出版的，其中有人甚至怀疑并不是他的东西。这样而成的书当然不可能如现在写论文要求的那样，一一标明所引观点的出处（即使他在上课时有所提及，学生们也未必会记下来）。因此直接追溯索绪尔的哪些观点、哪些话出自什么人，简直是不可能的。但如果我们从哲学语言学的角度去看，从语言思想发展的脉络去看，却未必完全找不出一点头绪。就我的观察来看，索绪尔对前人的继承表现在两个方面。

一个方面是"负的继承"，或者说扬弃。冯友兰先生曾经提出，哲学研究有"照着讲"和"接着讲"的不同，其实除此之外，还有第三种，那就是"对着讲"，针对着讲，唱反调式地讲。如果我们承认索绪尔思想的革命性，必然会注意到他的许多观点与前人"针锋相对"，甚至是唱对台戏的。"针锋相对"多了，就不得不使人怀疑他是故意为之，是一种有意的方法论原则。这使我们想到《老子》说的"反者道之动"这样的"道"的运动法则。我认为这是一种最容易激发新思想、最容易"创新"的研究方法。我们读索绪尔的《普通语言学教程》，会感到他的很多观点是对着传统语言学，特别是历史比较语言学而发的。这就证明索绪尔在研究和思考过程中，是有意地采用了这一方法论原则。当然这一过程会很痛苦，因为要从习惯的思维中背叛出来而又要言之成理，必须经过长期而又深刻的思考。我想这也许是索绪尔数十年间不肯轻易发表文字，也不希望别人把他的想法整理成书的原因（学生把他的讲课记录整理成书其实是违背他的意愿的）。索绪尔对到他为止西方两千年语言研究传统的背叛最明显地表现在他全面使用"抽象"的研究方法上，相对于前人的实体的意义、实体的形态变化、实体的词性词类、实体的发音及演变等等，索绪尔采用了彻底抽象的办法，并由此确立了建立"科学"语言学的基础，从此开辟了一个语言研究的新时代。

另一个方面是"正的继承"，这是他从前人吸收的"正能量"，从前人片言只语的观点或思考中受到启发，加以继承或补充发挥。19世纪在索绪尔之前重要的学者有语言哲学家洪堡特，语言学家保罗、辉特尼，社会学家涂尔干等。这些人都对他有过影响，而我个人认为对他影响最大的是洪堡特。从历史上看，洪堡特是索绪尔之前最重要的哲学语言学家，就好像乔姆斯基是索绪尔之后最重要的哲学语言学家一样。讲哲学语言学而跳过他们三个人是不可能的。尽管在索绪尔的书里由于上面说的原因我们看不到他对洪堡特的直接征引，但从思想渊源来看，其继承是明显的。不妨举几个例子。

一、索绪尔把通常的"语言"一分为三：言语活动、语言、言语，当然是他的了不起的发明，使人耳目一新。但这种对"语言"本身进行分解的做法我们从洪堡特那里已经可以看到端倪。我们都知道洪堡特是普通语言学的创始人，而他创立普通语言学的基础之一就是对"语言"的两分，die Sprach和die Sprachen，前者是没有复数形式的"语言"，指全人类的语言，后者是可以有复数形式的"语言"，指各民族实际使用的语言，而普通语言学的对象只是die Sprach。洪堡特甚而进一步说，全人类只有一种语言，每个人就有一种语言，这两句话是同样正确的[1]。洪堡特提出die Sprach和die Sprachen之分，从中提炼出一种只有单数形式的"语言"，这当然也是抽象思维的结果。他甚至直截了当地说：语言的形式就是科学的抽象[2]。索绪尔继承的不正是这一思想吗？而洪堡特的两分法直接开了索绪尔三分法的先河。甚至"语言"与"言语"之分也可在洪堡特那里找到先河："语言是通过言说构成的，而言说是思想或感情的表达"[3]。如果说两人有什么区别的话，那在于洪堡特研究的普通语言学其对象的"语言"是die Sprach，而索绪尔作为三分基础的"语言"却是die Sprachen，因为索绪尔的"语言"是严格"共时"的，其系统只能存在于某一个语言里而不可能是全人类的语言。因此索绪尔的"普通语言学"与洪堡特的"普通语言学"其实不是一回事。当然，也是由于翻译的原因，die Sprach和die Sprachen译成英语时都是language，译成中文时也都是"语言"，因此要真正理解洪堡特也是不容易的。由于洪堡特同时研究die Sprach和die Sprachen，因此他特别关注语言的共性和个性，特别是差异性；而索绪尔特别强调"语言"的同质性，以区别于复杂多变的"言语"。这是为什么他们两人的著作从表面上看来极不相似的原因。

二、索绪尔的"静态"语言学或共时语言学是他的一大发明，在他之前确实没有人这样说过。但我认为他是从洪堡特那里得到了间接的启发。洪堡特特别强调语言不是一种产品，而是一种创造活动[4]，语言处在永远的变动不居之中。而另一方面，他又指出，每一语言中都有一种不变的东西，这就是作为"语言要素精神统一体"的"形式"，而这"形式"是语言得以代代相传的起综合作用的东

---

[1] For in language the *individualization* within a *general conformity* is so wonderful, that we may say with equal correctness that the whole of mankind has but one language, and that every man has a language of his own. (Humboldt 1836/1988: 53)

[2] 英文是In this definition, form appears as an *abstraction* fashioned by science.（Humboldt 1836/1988：50）我们用的是姚小平据德语原文译出的译文。

[3] Language is formed by speaking，and speaking is the expression of thought or feeling. (Humboldt 1836/1988: 148)

[4] *Language*, regarded in its real nature, is an enduring thing, and at every moment a *transitory* one... In itself it is no product (*Ergon*), but an activity (*Energeia*). (Humboldt 1836/1988: 49).

西[1]。索绪尔从中得到了启发，对后者，他对"语言要素精神统一体"进行了分解，把"语言要素"处理为"言语"，而把从中综合得出的"精神统一体"即"形式"处理为"语言"；对前者，他从"创造活动"和"产品"的对立中发展出了"言语"和"语言"的对立，变动不居的是言语甚至是历时语言学，而"语言"正是"言语"发展到某一阶段的"产品"，是存在于心理中的"共时语言学"。就这样，他把洪堡特的一些思考巧妙地化为自己的理论体系。我认为上面最后引用的那段话不但连接了洪堡特和索绪尔，还连接了乔姆斯基，是把这三位伟大哲学语言学家连在一起的重要一环。

三、索绪尔的"系统"思想看似前无古人，其实也来自于洪堡特。洪堡特说："语言中没有什么彼此无关的东西，它的每一要素都仅仅表现为一个整体的组成部分"[2]。因此，要真正理解一个单词的前提是拥有整个完整的语言。甚至索绪尔最为人称道的"两项对立"法，如"语言/言语、共时/历时、内部/外部、任意性理据性、句段关系/联想关系"等等，正好也是洪堡特的喜好，他曾一口气提到"正/负、部分/整体、统一/多样、效果/原因、现实性/可能性和必要性、制约/受制、有条件/无条件、时空的此维/他维、感觉/邻近感觉"等两项对立[3]。不过当然，洪堡特谈的只是一般的对立统一原则，就像我们在中国的《老子》第二章里也看到过"美/恶、善/不善、有/无、难/易、长/短、高/下、音/声、前/后"等等一样。运用这个两项对立法成功构建语言研究理论体系的功劳还是要完全归于索绪尔。

四、再有，索绪尔的"语言"决定"言语"的观点，其实就来自于洪堡特。洪堡特说："面对语言的威力，个人的力量实在微不足道"[4]，这就是索绪尔"语言决定言语"的来源。我们都知道洪堡特的思想影响了20世纪美国学者萨丕尔和沃尔夫，他们提出了后人称之为萨丕尔和沃尔夫的假说，并为之争论不休。萨丕尔–沃尔夫假说有两个内容，其一是"语言决定论"，许多人视之若洪水猛兽，好像是语言学的大灾难似的，其实这不就是从洪堡特到索绪尔的"语言决定个人的言语行为"吗？如果我们接受索绪尔的"语言–言语"两分，则语言决定论就没有什么好奇怪的，而且可说是必然的结论。沃尔夫假说的另一个内容是"语言相对论"，这其实也很容易理解。因为"语言决定论"是就每一语言而言，而如果我们同意洪堡特说的"每一语言都包含着一种独特的世界观"[5]，那么就不同

---

[1] In its own nature it is itself an apprehension of particular *linguistic elements in mental unity*—such elements to be regarded as matter in contrasts to this form. For a form of this kind resides in every language, and by means of this comprehensive unity a nation makes the language bequeathed by its forebears into its own.（Humboldt 1836/1988: 52）

[2] There is nothing unrelated in language; each of its elements emerges only as a part of the whole. (Humboldt 1820/1997: 10)

[3] Humboldt 1820/1997: 3.

[4] It then becomes evident how small，in fact，is the *power of individual* compared to the might of language.（Humboldt 1836/1988: 63）

[5] There resides in every language a characteristic *world-view*. (Humboldt 1836/1988: 60)

的语言而言，"语言决定论"当然就只具有相对的意义，难道我们能指望，比方说，英语能决定中国人的说话方式吗？由于洪堡特、萨丕尔和沃尔夫等着眼的都是人类不同的语言，因此强调了语言世界观的两个内容，而索绪尔着眼的主要是某一民族语言，因此只表达了"语言决定论"而没有涉及"语言相对论"。在后人看来，似乎他就与沃尔夫们大相径庭了。其实，这是既不懂得沃尔夫，也不懂得索绪尔。

当然，找出索绪尔语言思想的来源，不是为了贬低索绪尔，而是为了更好地理清人类语言思想的发展，看清历史长河的流向，以便更加清楚地看清我们自己面临的形势和任务。

3. 被误解的索绪尔，被误读的语言学

在理清了索绪尔语言学的哲学本质及其历史发展渊源以后，再来看索绪尔之后语言学的发展和现状，我们不得不发出这样的感叹：百年来索绪尔是被许多人误解了，而他开创的语言学也被很多人误读了。他的语言学思想并没有得到很好的继承与发展。似乎语言学界人人都在谈索绪尔，但谈的却是一个与索绪尔不相干的索绪尔。

对索绪尔的最大误解是把他看作一个单纯的语言学家。也许在索绪尔的早期，他确实是一个语言学家，更具体地说，是一个历史语言学家，但在他最初的论文发表之后的二十多年，他更多地却不是继续研究语言学，更没有尝试建立语言学的什么体系，而是沉浸于语言问题的思考之中，实际上他已经转向成为一个语言学的思想家或哲学语言学家。他开设普通语言学课程只是他的一种实验，尝试把他的想法表述出来而已。他始终是在思考的过程中，从没认为他的思想已到了成熟和可以发表的阶段，这表现在他三轮讲座的内容并不完全一致上。但他思考的敏锐度和深刻性想必非常惊人，震撼了他的学生，以致在老师去世后觉得不把老师的思想整理出来，会是思想界和学术界的一大损失，因此他们把索绪尔的思考碎片编成了一本看来首尾完整的书。不幸的是这本书取名为《普通语言学教程》，结果人们都以为这是一本普通语言学的教材。其实它既不是教材，更不是"普通语言学"，不管是洪堡特首创的"普通语言学"，还是现代全世界各大学开设的"普通语言学"，还甚至是索绪尔自己的"普通语言学"。

洪堡特的"普通语言学"（Allgemeinen Sprachwissenschaft）其实应该译成"总体语言学"，它是以人类总体的语言（即只有单数形式的die Sprache）为对象的，研究人类语言与人类精神发展的关系，其核心思想就是"语言世界观"的学说。索绪尔、萨丕尔和沃尔夫都是对他的继承。洪堡特最令人叹为观止的强项是他令人难以置信的博学，他所懂得的语言之多几乎令所有后来人望尘莫及（也许只有萨丕尔可勉强跟他比肩）。如果要研究"总体语言学"都要有像他那样的背景和条件的话，恐怕很少有人能够继续做。因此到了索绪尔的"普通语言学"，范围就大大缩小了，他不再侈谈什么人类语言和总体语言（这也使他的

"普通"大打了一个折扣），而是集中探讨在某一族语中"语言"与"言语"的关系，从而致力于建立研究"语言"的语言学。他发展了洪堡特关于"抽象"和"形式"的思考，并把它作为建立"科学"的语言学的基础。但是可惜，我们所看到的《普通语言学教程》并不是这样一本"语言"的语言学教材，因为其中三分之二的内容都不是在谈"语言"，而是在谈"言语"，诸如历史语言学、地理语言学及语音学（他称之为"音位学"）等。因而这本书其性质实际如同洪堡特特的书和论文一样，只是一本语言问题的沉思录。而且他们两人的思考还有一点极其相似，即两人都对他们时代语言研究的主流——传统语言学和历史语言学相当反感，甚至可以说，他们设想中的语言研究与这两种研究格格不入。举例来说，他们都反对在词汇和语法之间画一条明确的界线，都主张语言的抽象"形式"比外在表现更重要，是语言学研究的真正对象，都主张系统的研究，认为零敲碎打的研究不是科学。在一些方面，索绪尔甚至比洪堡特特走得更远，在《普通语言学教程》里我们很少看到名词、动词、主语、谓语之类的术语，因为索绪尔根本就认为这样的划分没有什么意义。索绪尔还反对把语音学归入语言学（因为这也是属于"言语"的）。因而索绪尔的"语言的语言学"如果真的建立起一个体系，其面貌与我们现在看到的、世界各大学语言学专业开设的各种语言学教材会大不相同。现在我们所看到的语言学教材，传统的分为语音、语法、词汇、文字乃至文学等等"平面"，"现代"的则分为"音系学、语法学、语义学、语用学"等等"平面"，其实都不合索绪尔的意图。前一种划分来自洪堡特特和索绪尔都反对的传统语言学，后一种则是20世纪下半叶各种门派语言学研究的大杂烩。

在这种情况下，当我们赞颂索绪尔开创了"现代语言学"并以索绪尔继承人自居或至少以为自己在研究的就是索绪尔开创的"现代语言学"时，我们可真的得好好想一想，我们真的是继承了他开创的道路吗？我们在从事的是真的"现代"的语言学吗？还只不过是旧语言学的改头换面？一句话，我们真的理解了索绪尔、理解了他的语言学吗？

从哲学的角度看，索绪尔提出的与其说是语言学理论，不如说是语言学思想，而且是崭新的语言学思想，不仅在20世纪初是崭新的，直到今天也未必已经过时。他的思想我们可以大致梳理出这么几条：

一、语言研究必须建立在抽象思维的基础上，从古希腊起经过传统语言学直到历史比较语言学，乃至20世纪初的"词与物"学派等，他们无一例外地把语言研究建立在词和客观事物的直接对应上，在索绪尔看来，这不是语言研究，而只能叫"命名学"（nomenclature），他对之不屑一顾，认为他们根本就找错了对象。

二、语言研究的基本单位不是词，也不是句子，而是概念和音响形象相结合的符号，这两者都是心理上的，是抽象的结果。两者密不可分，不能脱离开来单独进行研究，单独的声音研究和意义研究都不属于语言学。

三、为了使语言学成为真正的科学，必须进行抽象。言语活动是个复杂的现象，不能全部作为研究对象，必须把其中属于语言社团心理上共同的东西抽出来，以区别于每个个人实际在使用的语言，前者叫做语言，后者叫做言语。语言不以人的意志为转移，并且决定言语的方式。只有语言才是语言学的对象。

四、语言是个以符号为基本单位的自足的系统，这个系统有两个要点，"价值"和"关系"。价值讲整体与个体的关系，语言不是由一个个个体组装起来的，相反，每个个体只有在整体中才能体现其价值，脱离整体的个体（符号）不是语言学研究的对象。"关系"讲符号与符号之间的联系，有句段关系和联想关系两种，语言系统就是依靠这两种关系构建的。

五、语言和语言学是以共时为基础的，语言学的结构性又使它只能以整体的面貌出现，因此一切以个体为特色的研究都不属于语言学。索绪尔用"外部"和"历时"这两个概念将它们驱逐出了语言学。

还可以举出一些，但这些是最基本的。正是这些主张导致了20世纪语言学研究的一场哥白尼式革命，所谓"现代"语言学就必须符合这些特征。我们可以不同意这些主张，但在提出新的主张以前必须驳倒这些主张，证明它的谬误之处。这就是索绪尔研究的现实意义，也就是说，他是个绕不过去的存在。否则，我们就不能说我们在研究"现代"语言学。

以索绪尔的这些主张来重新审视20世纪以来的"语言学"研究，我们定会有很多发现，有的还会相当有趣。例如，索绪尔之后打着结构主义旗号的三个语言学研究流派，其实都多多少少离开了索绪尔。比较起来，哥本哈根学派叶姆斯列夫接受了语言与言语之分，也肯定语言对言语的决定作用，并且继续对语言进行了很多哲学思考，是与他最接近的。他把索绪尔的联想关系（associative relation）修订为聚合关系（paradigmatic relation），与句段关系（syntagmatic relation）的对应更齐整了，但是否符合索绪尔的原意值得怀疑；而且他由此认为语言是个开放的系统，而不是自主的，与索绪尔的距离就更大了。布拉格学派采取的是各取所需的办法，这一学派的两大贡献一是音位学，一是功能学说。音位学可说是索绪尔的抽象原则和系统原则的极好体现，而对功能的研究则与索绪尔的"价值"有了距离。美国描写主义特别是布龙菲尔德提到索绪尔的次数最多，但实际上除了"结构"二字他没有从那里继承了什么，相对来说是离开索绪尔最远的，特别是在哲学基础上，如果说索绪尔是出于心智主义（mentalism）的话，则美国描写主义是出于行为主义（behaviourism），其研究对象更是实实在在的"言语"[1]而乔姆斯基批判美国描写语言学，强调心智主义，强调语言学要研究"理想的语言社团中理想的说话人"，在"科学"的意义上反而是对索绪尔的回归。至于中国建立在《马氏文通》引进的拉丁传统语法基础上的所谓"现代"研究，除了时间上处于"现代"之外，在理论上几乎没有经过索绪尔思想的洗礼，因而在多数情况下，不管借用了多少现代语言学的术语，其实质只是在"现代"名义下进行的欧洲式传统语言研究，也就是说，只是索绪尔批评的"命名学"式研究而已。

---

[1] 以上对三个结构主义流派的评价参见Roy Harris, *Saussure and His Interpreters*一书第4、5、6章有关内容。

参考文献

[1] 范晓，2005，关于语言、言语及其相关问题的思考[A]，载言语与言语学研究[C]，李宇明等编. 武汉：崇文书局. 1-24.

[2] 洪堡特，1997，论人类语言结构的差异及其对人类精神发展的影响[M]，姚小平译，北京：商务印书馆.

[3] 潘文国，2004，语言哲学与哲学语言学[J]，华东师范大学学报 (3).

[4] 索绪尔，1980，普通语言学教程[M]，巴利与薛施蔼编，高名凯译，北京：商务印书馆.

[5] Harris, Roy & Talbot J. Taylor. 1997. *Landmarks in Linguistic Thought* (1) [M]. Second edition. London and New York: Routledge.

[6] Harris, Roy. 2001. *Saussure and His Interpreters*[M]. Edinburgh: Edinburgh University Press.

[7] Humboldt, Wilhelm von. 1820/1997. On the comparative study of language and itsrelation to the different periods of language development[A]. In T. Harden and D. Farrelly (eds.) *Essays on Language / Wilhelm von Humboldt*. Berlin: Frankfurt and Main. 1-22.

[8] Humboldt, Wilhelm von. 1836/1988. *On Language: The Diversity of Human Language-Structure and Its Influence on the Mental Development of Mankind*[M]. Translated into English by Peter Heath. Cambridge: Cambridge University Press.

[9] Saussure, F. de. 1916/1983. *Course in General Linguistics*[M]. Edited by Charles Bally and Albert Sechehaye. 1916. Translated and annotated into English by Roy Harris. London: Duckworth.

作为哲学家的索绪尔[1]

北京师范大学　江　怡

我始终认为，语言学与哲学的关系是双向的：一方面，语言学思想来自于哲学，语言学家通过与哲学家的思想交流产生了新的观念；另一方面，哲学家通过与语言学家的交流也产生了新的哲学思想，甚至可以说，许多重要的哲学家，特别是当代的许多哲学家，也是语言学家。因此，有时，我们很难对语言学和哲学做出一个清晰的界定。从事语言哲学研究的人也不仅是哲学家，他们中的许多人同时也是从事语言学研究的，甚至也从事其他学科的研究，例如认知科学、计算机科学、人工智能、文化批评等。其实，语言哲学是一个交叉学科，研究范围非常广泛，涉及各种不同学科领域。从语言学的角度研究语言哲学，应当是语言学研究者的优势和强项，因为语言哲学的核心或者说语言哲学所研究的对象就是语言，而从事语言学研究的人所研究的对象也是语言，语言哲学研究者和语言学研究者的研究对象和研究兴趣是相同的。由于语言学的研究受惠于哲学本身的发展，而哲学发展本身又受惠于语言学自身的成长，因此，这两者之间的交融使得语言学和哲学有了天然的血缘关系。

2013年是索绪尔逝世一百周年。百年来我们通常把索绪尔看作一位语言学家，但我认为，我们更应当把他看作一位哲学家。这对于理解索绪尔的思想具有重要意义。我在这里主要从三个方面展开论述：第一，关于索绪尔语言学思想的出发点，即他是如何考量他的语言学思想的，他的思想与前代以及同时代的语言学思想有什么不同；第二，关于索绪尔的语言哲学思想，因为要了解索绪尔的语言学思想，必须先了解他的语言哲学思想，了解作为一个哲学家的索绪尔到底是怎样的；第三，哲学家们对索绪尔的评价，这些评价或许可以为我们理解作为哲学家的索绪尔提供一些有益的线索。

1. 索绪尔语言学思想的出发点

索绪尔语言学思想提出的背景包括两部分：一部分是语言学中的索绪尔，另一部分是哲学中的索绪尔。

新语法学派把当时语言学的发展历史简单地规定为前科学时期和科学时期这两个阶段。索绪尔对新语法学派进行了批判，他把语言学的发展历史大致分为了从"普遍语法"到"语文学"，再到"比较语法"这样一个过程。他特别地强调

---

[1] 本文根据作者于2013年4月20日在杭州浙江工业大学之江学院举行的"全国第二届语言哲学高层论坛"上的主题报告整理而成。感谢博士生张桔所做的整理工作。

了在古代也就是上古、中古这样一个历史阶段，哲学家们和语言学家们对语言的基本研究是从普遍语法的角度来讨论语言现象的，进入语文学的研究之后，实际上是对语法自身的一种研究，而比较语法是一种经验性研究。在索绪尔看来，这样一种研究方式是不能说明语言本身的性质的。索绪尔在语言学中的地位是由从语言的历史描述和比较到语言性质的研究这样一个过程当中所形成的哲学思想而确立的，特别值得强调的是，他在批判性地考察了当时所出现的各种历史比较语言学的弊端以后形成了他对语言性质的一种独特理解。虽然《普通语言学教程》只是他三次讲座的笔记整理，但是这本教程里的思想就已经凸显了索绪尔思想的原创性。

语言学历史中的索绪尔应当是比较清晰地被定位的，但是索绪尔在西方哲学发展中的地位究竟是什么，我们却并不十分清楚。由于索绪尔的语言思想与他的哲学思想密切相关，所以，我们就非常有必要了解这一点，以便为更好地理解索绪尔的语言哲学奠定基础。

要了解索绪尔在哲学中的地位，首先要了解在西方哲学历史中，特别是从18世纪到19世纪下半叶一直到20世纪初的西方哲学发展历程中，语言学与哲学是什么关系。

在索绪尔的时代，哲学的发展受到了来自不同学科的挑战，不仅仅传统哲学观念受到了冲击和批评[1]，更重要的是自然科学本身的发展对哲学提出了更高的要求，希望哲学研究按照自然科学的模式来做出规划，并且形成大家对世界的共同理解。在这个前提下，索绪尔的语言哲学或者语言学的思想就有一个重要的出发点，即他同样也希望能够以对语言研究本身的思考来确立人们对世界的普遍认识。他虽然没有表明这样的普遍认识是一种哲学观念，但事实上他已经在从事着与他同时代的其他哲学家同样的工作，这些哲学家包括皮尔士（Charles Sanders Peirce，1839—1914）、弗雷格（Gottlob Frege，1848—1925），乃至于胡塞尔（Edmund Husserl，1859—1938），这样一些哲学家们所做的工作与索绪尔所做的工作有着相当密切的联系。当然，我们现在已经很难找到索绪尔跟这些哲学家之间有什么个人交往或直接对话，但通过他们思想的展开，我们可以理解索绪尔的思想恰恰是那个时代哲学发展的一个产物。所以，理解索绪尔的语言学思想就不仅仅是简单地对原有语言材料的反思，或简单地对传统的或他那个时代的语言学观点的批判。在很大程度上，他已经提出了一些在那个时代不同哲学家从不同角度来提出的共同哲学问题，即如何从性质上来把握语言现象，如何对语言的发展规律给出一般性说明。

索绪尔的这种观点也与19世纪之前，特别是从17世纪开始的西方思想界关于语言的性质、起源以及语言多样性的考察有着密切的关系。在18世纪德国启蒙运动当中，启蒙思想家们特别注重对语言现象的研究，他们要观察在不同文化背景当中，语言的使用如何影响到人类思维的一般发展。例如，洪堡特（Wilhelm von Humboldt, 1767—1835）的语言学思想或是语言哲学思想实际上是当时整个

---

[1] 这里传统哲学观念主要是指黑格尔式的绝对唯心主义。

欧洲，特别是德国哲学发展的一个集中代表。所以，要理解索绪尔的思想，就必须将其放在整个西方哲学发展的脉络当中，这样我们就能很好地理解他的思想发展绝不是孤立的语言学研究，它反映的恰恰是一种哲学思考。

我们知道，索绪尔除了在任职的时候发表过一篇小文章之外[1]，直到拿到博士学位，他都没有发表过任何文字。他一直在做一件事情，那就是在思考。他一直在考虑语言问题究竟是一个什么样的问题，语言现象究竟应当如何解释。他已经掌握了当时语言学家们所提出的各种语言学理论，但他对这些理论都不满意，而他又没有办法很完整地形成自己的理论观点，所以，他在自己的讲座中逐渐地提出自己的想法。当然如果索绪尔在天有灵，我相信他对他的学生编的这本书可能也不会满意，因为这只是一个笔记。实际上在这个笔记中有相互矛盾、相互冲突的地方，甚至在后人看来，他的思想体系本身就是一个矛盾体。当然这也不能怪罪于索绪尔本人，或许是他的学生们理解和做记录的时候没有完全忠实地把他的思想记录下来。但是通过他的几次讲课笔记，我们大体上能够了解他的语言学思想的概貌，那就是他对于语言现象的考察绝不仅仅限于对某一种具体的语言现象的分析，也不像比较语言学那样简单地将各种语言做比对，从中找到所谓的规律；他想要追问的是语言现象跟人的活动，特别是人的思想活动之间是什么关系。

在数理逻辑产生之前，人们对逻辑学这个概念的理解是和心理学紧密地联系在一起的。绝大部分哲学家都认为逻辑学处理的是人的思维规律，即处理人的意识活动，所以索绪尔也基本上持有这样一种观点。索绪尔与以往哲学家不同的是，他能够看到语言研究的形式化要求，只是他没有用逻辑的方式，也就是用数理的方式来把这样的逻辑加以形式化。但他已经意识到了，一定有某个东西可以让我们用一种形式去描述人类思维普遍规律，而且一定有这样的形式，可他并没有指出这样的形式是什么。这样的工作是后来的哲学家，也就是像弗雷格、罗素、维特根斯坦这样的哲学家完成的。由此可见，索绪尔虽然没有就语言形式本身给出规定，但他已经潜在地提出了这样的要求。

通常我们会把索绪尔的思想归结为结构主义的思想，并且认为是结构主义语言学的一个主要代表。可是在索绪尔思想的形成过程当中，他既是历史比较学的支持者，又是社会心理学的支持者，也就是说他当时摇摆于这两种理论观点之间。在他看来，语言学的研究在广义上应当属于社会学的研究范畴，应当在社会背景当中来考察人的语言活动，而人的社会学研究又是跟人的心理活动，跟人的心理学研究密不可分的，所以要理解索绪尔的语言学思想，就不能忽略当时所存在的社会心理学流派对他的思想的影响，甚至到现在为止我们的教科书还把他归结为社会心理学派。这样的归结并没有错，因为他的思想根源还是基于对逻辑的心理学解释。当把逻辑学看作是研究人类思维规律的时候，人们不可避免地会从心理学的层面上来讨论逻辑问题。可是我们又把索绪尔归结为结构主义的语言学家，并且看作是结构主义的创始人之一。一般认为，他的语言结构主要是讲每一

---

[1] 实际上这个文章是在他十几岁的时候就已经完成的。

个句子里面的单个词与语言结构之间的关系，讲每一个句子与它所在语言的语境之间的关系，甚至是讲每一个语言要素与其所在语境之间的关系；通过对语境的分析，或者通过对结构的分析，来考察每一个要素的意义。任何一个符号的意义只有把它放在与它相关联的其他符号的关系当中，我们才能真正地理解这个符号。这样的结构要求被看作是结构主义的一个核心概念，所以我们今天把他看作是结构主义的语言学家。

结构主义不单是一种语言学理论，甚至更广义地说，它是一种哲学和文化理论。结构主义在文学批评中以及在广义的文化理论中占有重要的位置，甚至统治了20世纪初相当长一段时间的文学理论和文学批评。在哲学上，我们也把结构主义看作是一个重要的哲学思潮。被称为结构主义者的哲学家不仅有索绪尔，还有别的哲学家，例如列维·斯特劳斯（Claude Lévi-Strauss, 1908—2009）、皮亚杰（Jean Piaget, 1896—1980）等。当我们考察结构主义的思想来源时，我们会发现，索绪尔的结构主义与后来的结构主义观点有很大不同。索绪尔并不是要通过构造一个结构而使得这个结构影响在其中所出现的各种语言成分，相反，他是要考察任何一个语言成分通过与其相连的其他语言成分之间的关系，来确定这个语言成分的价值和意义。所以，他不是预先设立一个结构来规定我们的语言成分或要素，这是与后来的结构主义哲学家、语言学家和其他理论家有所不同的地方。由此，索绪尔思想的创新性就更为明显了。因而，我把索绪尔结构主义思想的创新理解为一种语言研究的新方法。

最后，我把索绪尔放在语言哲学的大背景当中考察，由此来说明语言哲学这个概念如何可以用在索绪尔的身上。"语言哲学"这个概念在西方主要还是在英美的语境之中被使用的，我们是在安格鲁–撒格逊（Anglo-saxon）的传统当中来使用语言哲学这个概念的，在西方比较少的学者会把语言哲学这个概念用来概括伽达默尔（Hans-Georg Gadamer, 1900—2002）、索绪尔、海德格尔（Martin Heidegger, 1889—1976）这样的哲学家的思想。有些学者写了索绪尔的语言哲学，伽达默尔的语言哲学或是海德格尔的语言哲学，这一定不是在西方主流哲学里的，因为在西方的主流概念当中，语言哲学应当是属于英美的而不是欧洲大陆的。但是，我们不能被这一点所迷惑。不能因为西方没有把他们的语言哲学看作是主流的，它们就不是真正的语言哲学了。我的博士生导师涂继亮先生在国内是比较早地提出要把语言哲学这个概念做一个"宽的理解"，而不是狭义的理解。所谓"宽的理解"就是说，只要是对语言现象、语言性质、语言结构等做出哲学性思考和研究的理论，我们都可以把它归结为语言哲学的范畴，所以，我们当然可以把索绪尔的思想放在语言哲学中来讨论，由此，讨论索绪尔的语言哲学就有了合法性。

2010年，国外出版了一本《论索绪尔的语言哲学》[1]，这本书主要谈的是索绪尔的差异理论。索绪尔正是通过差异来指出他的语言观和他之前乃至他同时代的

---

[1] Aphinant Tantiwatana, *On Ferdinand de Saussure's Philosophy of Language: An Investigation of Difference* Saarbrücken: Lambert Academic Publishing, 2010.

语言观之间的不同，这种差异观被看作是索绪尔语言思想的一个亮点，通常也把这一点看作他的语言哲学的核心内容。但这部分内容实际上只是索绪尔语言哲学中一个很小的部分。

我们在谈到索绪尔的语言哲学时，会涉及索绪尔语言学思想中的几乎所有内容，甚至可以说，只有把索绪尔的语言学思想放到语言哲学的语境中来考察，我们才能真正理解索绪尔的语言学。这与我们考察当代其他语言学家的思想可能有所不同，这也体现出索绪尔本人作为一个哲学家的明显特征。

索绪尔的语言哲学思想在整个欧洲的语言哲学发展历史中当然不是第一个，因为之前有德国的洪堡特。当代欧洲大陆的语言哲学家也不仅有索绪尔，前面提到的几个代表人物，如胡塞尔、海德格尔、伽达默尔等人，他们都有自己的语言哲学思想。索绪尔语言哲学的特点体现在，他把语言现象看作是人类自主活动的重要内容，语言的自主性反映了语言与它所体现的事物之间的差异，也反映了语言作用于事物和世界的特点。如果我们要考察索绪尔的语言哲学思想在整个西方语言哲学中地位，我们就会发现应当给他一个重要的位置。但遗憾的是，在西方出版的现有语言哲学教程、指南、手册等当中，我们根本找不到索绪尔的语言哲学，因为在英美语境中，语言哲学应当是英美哲学家的专利，而不应当包含欧洲大陆哲学家，所以，他们不认为欧洲大陆哲学家的哲学属于语言哲学。

在中国，涂继亮先生是最早地承认广义语言哲学的，因而我们可以把索绪尔的思想放在语言哲学的语境中来讨论。20世纪90年代，我们在湖北十堰专门开过一次全国欧洲大陆语言哲学研讨会，后来出版了文集《现代欧洲大陆语言哲学》，这本书里包括了洪堡特、索绪尔、列维·斯特劳斯、伽达默尔、海德格尔和胡塞尔，所有这些哲学家的思想都在文集中得到了体现。除此之外，陈嘉映先生在他的《语言哲学》中专门给了索绪尔一个位置。虽然在书中他并没有表明索绪尔的哲学思想是否是语言哲学，但他提到，任何一种对语言广泛而深刻的思考一定包含了一些哲学意义，在这个意义上，他把索绪尔放在语言哲学的背景中来讨论（陈嘉映 2003）。我的理解恐怕要更远一点，我不仅仅把索绪尔的思想看作具有一种哲学意义，我更愿意把他的思想就看作是语言哲学。

索绪尔语言学思想的另一个出发点，就是对语言性质的追问。首先，从历史比较语言学到普通语言学的转变。历史比较语言学更加强调的是通过不同的语言现象，或者通过不同语言种类的变化来考察语言的一般规律。不同的语言学家可能掌握了大量不同的语言资源，他们将这些语言资源作为材料来进行比对、分析和研究，然后发现不同的语言本身是如何变化的。在某种程度上说，历史比较的方法可以为我们提供观察、理解和研究语言自身发展的规律，但更多的是限于对一些具体的语料资源的考察，他们更关注的是不同语系之间甚至是同一个语系内部不同语言之间的一些变化。索绪尔的工作恰恰要突破这一点，他试图给出对语言的一般性理解，所以普通语言学这个概念是比对于当时逻辑学的一个术语。18到19世纪时西方的逻辑学是按照教科书的方式来进行规划的。教科书的方式是一般先讲普通逻辑，然后再讲应用逻辑，一般德国的教科书在谈逻辑的时候是分为这两个部分来谈的。在索绪尔的心目当中，现有的历史比较学所提供的有关于语言学的研究材料都是应用语言学，他要建立一种普通语言学，这种普通语言学恰恰能够为具体的言语活动来提供准则、方法和一般思路，这是索绪尔要建立普通语言学的一个出发点。我们在阅读他的书时，随时会感觉到他不断地要跳出具体的语言，他的思路总是跳跃式的。在谈到具体的语言现象时，突然冒出一句话说我要谈的不是这个语言，或者是我要谈的是比这个语言更多的东西，所以，他的这种跳出本身就代表了他对语言的思考已经突破了传统的应用语言学研究方法。他这样的方法，或者说这样的普通语言学研究，使得他给出了对语言性质的一般理解。那么，历史比较语言学和普通语言学是可兼容的还是对立的？在很多语言学家看来，这两者是无法兼容的，因为这两者之间出现了很大的冲突。事实的确如此，在索绪尔的书中也能感觉到，历史比较的方法与普通语言学的方法在很大程度上是有冲突的。索绪尔的思想兼容比较语言学的思想和社会心理学的思想，这种兼容使得他不可能将历史比较语言学的方法和普通语言学的方法完全对立起来，所以，我们宁愿承认这两者之间的兼容，而不愿意承认两者之间的对立。

其次，从具体的语言研究到语言的差异研究。具体的语言研究通常是说对某一具体语系的研究，或者对某一个语种的研究。无论是对语系还是语种的研究，在很大程度上只是为我们提供了具体的语言材料，很难给出对语言的一般性的理解。例如，汉语属于汉藏语系，汉藏语系与印欧语系之间的差异是非常明显的。我们在理解这两个语系之间的差异的过程中，如果只是沉溺于对某一个语系自身的研究，哪怕是考察这两个语系之间的差异，也只是停留在对具体语言对象的研究上，也就是说，我们是根据某个具体的语言对象来说语言的。这样的研究是必需的，也是非常重要的，因为做语言学研究必须要依靠这样的语言材料。如果没有语言材料，那么语言研究就是空洞的，就是纯概念的，就不是语言学了。但只有对具体语言的研究又是不够的，所以索绪尔指出了具体语言研究得不够在什么地方，就是在于他要找出不同语言之间的差异。差异是索绪尔语言哲学思想中很重要的内容，这种差异性恰恰体现了在语言与言语之间，甚至是不同符号之间的差异。

在索绪尔的语言学中，他明确地把语言学看作是符号学的分支。虽然在他看来，这是符号学的主要分支，可人类的符号是一个广义的概念。符号有一个最大的特点，就是符号的指向性。正如索绪尔所说，符号有两个特点，一是任意性，一是线性特征。这两个特点在很大程度上都表达了符号自身的一种指向性特征。我们不管符号是任意的还是线性的，它都具有一种我们用符号来做什么，我们用符号来表达什么，或者我们用符号来指代什么等等这样的特征。在这个过程中，我们就会发现一个特点：索绪尔在谈语言学的时候，恰恰是在符号学的层面上来理解语言，或者说从更广义的符号学意义上来阐发他的语言学思想的，所以索绪尔是在符号这个层面上来理解语言符号[1]。他在有些地方直接讲语言符号，所以把语言理解为一种符号，就意味着他是从更广的意义上来把握语言这个概念。这里我们要区分索绪尔的语言概念和言语活动的不同。当我们说语言的时候，一定是指他所说的语言概念，而不是言语活动。

实际上，在从具体的语言研究到语言的差异研究中，他提出了一个问题：语言研究究竟是为了描述，还是为了规定？以往的语言学研究大部分都是描述性的，即从近代以来语言学研究都是描述性的，尤其是索绪尔之后乔姆斯基之前，描述学派成为了大家公认的一种语言学研究方法。索绪尔的特点在于他不仅仅满足于对语言的描述。虽然他本人也研究了大量的语言，例如梵语，掌握了大量的语言资料，但他并不满足于对这些资料的简单描述，他的工作是要给出对这些语言的内在的或者共同性质的规定。在他看来，这样的共同性质就是我们对语言的定义，对语言的理解。

第三，从语言的内部研究到语言的系统研究。其实，索绪尔一直在强调系统概念。虽然他并没有明确地提出一个我们今天所理解的系统论，或者语言系统说，但实际上，系统这个概念一直是索绪尔语言学当中的一个核心概念。他之所以强调系统概念，其实是跟他对语言性质的研究有密切关系。在他看来，只有通过对语言系统的理解，我们才能够真正地把握语言，才能真正地理解语言的性质，而这样的系统是通过对各种不同语言系统的了解完成的。所以，这里就出现了言语跟语言的关系，以及历时和共时的关系。

第四，从语言学到符号学。如何从符号学的意义上来理解索绪尔的语言学，把语言学确定为符号学的重要组成部分，这首先就是索绪尔语言哲学的一个重要思想。索绪尔在他的书中专门用一章谈到关于变与不变的关系。他讲到语言符号性质以后，接下来就讲符号的不变性和可变性，从不变性和可变性引出关于演化的语言学和静态的语言学之间的关系，这与共时和历时的特征是密切相关的。

现在有很多人反驳索绪尔，说索绪尔的思想还是二元论，到处都给出一种对立，例如语言与言语、共时与历时、内容与差异（或内容与形式）等各种各样的对立。后来的哲学家和语言学家认为我们应该提出一个三元组，以三元组的方式来避免这样的对立出现。其实，这种对立的产生跟三元组的提出不是在同一个层次上：三元组的讨论可以是在讨论某一个具体语言现象的时候，但是在谈论语言本身性质的时候，肯定就会涉及一个二元对立的问题。我们经常说二元论在今天已经越来越被哲学家们所放弃了，很多哲学家都在提出所谓"变异一元论"的思想。变异一元论就是不管这个一元是什么，是心、语言、生理的或者是自然科学可以给我们解释的一种物理现象。无论这个一元是什么，或者一元的内容是什么，在很大程度上，都不可避免地会遇到一个严肃问题，这个问题就是我们所研

---

[1] 我们今天认为，符号学这门科学也是从索绪尔开始的，虽然符号学这个提法并不是索绪尔的发明，但是这个学科的产生却是从索绪尔开始的。当然，除了索绪尔之外，还有另外一个哲学家皮尔士。皮尔士和索绪尔是同时代的人，索绪尔只活了56岁，非常短暂的生命，皮尔士比他年长20多岁，1914年去世。皮尔士跟索绪尔共同建立了今天我们所知道的符号学。

究的所有意识、物理现象乃至语言本身是如何与人的活动，特别是人的意识活动发生关系的。因此，意识问题变成了当代哲学家讨论的一个最难的问题。这个问题在很大程度上决定了，在理解人类语言、人类的行为以及人类所有被看作具有物质特征的活动时，背后的根据究竟是什么。所以，我们了解索绪尔的时候就知道，索绪尔很明确地给出了这样的前提，或者说给出了这样的预设，这个预设就是，我们要清楚地认识到语言活动与人的其他活动之间的不同。我们可以把这种差异简单地看作是一种对立，即语言是通过与人的活动的对立而使得语言成为语言的。我们可以把这个对立看作一个参照系：语言是以人的其他活动作为参照系而形成的，这就使得语言脱离了人，而这恰恰体现了索绪尔语言学思想的科学特征。

索绪尔的语言学不是简单地哲学的、或思辨的、或反思的结果，它是一种科学研究的结果。这种科学性在于，它能够把语言脱离人的自身活动，而使其成为独立的，并且我们人是站在外面来观察语言的，而这时我们所观察的语言跟我们内心所体验到的语言之间产生了差异，我们通过研究这样的差异来理解我们所认识的语言。索绪尔强调的差别概念之所以重要，就是在于他要告诉我们，我们所接受的、理解的以及内心体验到的语言和他所给出的对语言的一种刻画之间的区别是什么。如果我们能够找到这样的区别并且能够很好地解释这个区别，我们就可以说我们掌握了语言。这是一种科学的思维方法，而不是哲学的。这之所以是科学的，就是因为它能够使所要研究的对象脱离研究的主体存在。哲学不是这样，哲学是要回到主体的，哲学本身就是主体内在的意识活动，所以如果脱离了主体意识活动，我们是没有办法像研究科学的对象一样把哲学孤立出来，客观地冷静地来研究它。索绪尔提出历时和共时的概念时，他所谓的共时性概念也就是他所谓的静态语言学，其实不是强调真的有一个可以同时存在的语言结构。他所谓的共时概念是一个纯静态的结构性概念，跟时间没有关系，它是一个空间中的概念。虽然这个概念叫作"共时"，但它不是时间性的，它是空间性的。对空间性的理解很困难，也就是说，人们理解事物的时候都是通过时间来把握的，如果脱离了时间，我们是没有办法把握对象的，因为一个对象不可能像牛顿的绝对时间和绝对空间中存在的事物一样。我们要抓住它，就需要把它放在一个具体的、特定的环境当中，而这个特定的环境就包含了时间概念。所以，如何理解他的共时性概念，是我们理解索绪尔语言哲学的一个非常重要和关键的部分。

2. 索绪尔的语言哲学思想

从以上的论述中已经看出，索绪尔的语言哲学思想是他的语言学思想的重要内容。我大致将这种语言哲学思想概括为四个方面，目的是将索绪尔语言学思想在哲学上的意义揭示出来，让大家理解这些思想如何在哲学上有了意义，或者如何能够被叫作"语言哲学"。

第一，对能指和所指的区分。这一思想的历史背景包含了弗雷格对意义与意谓的区分，以及皮尔士对思想与指号的区分。索绪尔所提出的关于声音的形象与概念之间的区分，也就是能指的任意性与所指的不变性的关系，其实正好对应了弗雷格的意义和意谓的关系，或者意义和所指的关系。其实弗雷格的所指并不是一个对象的存在，而是一个对象映射在我们认识活动当中所形成的那个概念，因而这个所指就指代的是概念而不是事物本身，这一点恰恰应和了索绪尔对能指与所指的区分。索绪尔的所指也并不是这个对象，例如，"马"这个词的所指并不是某匹马。因此，索绪尔的所指概念其实是与哲学家弗雷格所提出的所指概念一脉相通的。另外，索绪尔关于语言系统中的同一与差异的思想受到了格式塔心理学的影响，这一点大家都比较熟悉。最后，索绪尔的联想（聚合）关系与组合（句段）关系实际上是一个关于对比与序列的关系。其实，对比与序列正是应对了前面所讲的结构主义语言学所强调的这样一种结构安排，即序列安排，但这样的序列安排在很大程度上决定了一个语言要素在句子当中的位置，而对比安排决定了一个要素跟其他相关要素的关系，所以，这两者之间有着共通性。

第二，语言和言语的区别。这里涉及这样一些关系：整体与部分的关系、原则与活动的关系、社会与个人的关系。社会与个人的关系是索绪尔反复强调的，在《普通语言学教程》的几个地方都强调他所讲的语言一定是社会的、约定的，而不是个人意志的产物。言语是个人意志活动的产物，所以语言和言语的区分恰恰体现了社会和个人的关系、同质与异质的关系，以及语境与逻辑的关系（陈嘉映 2003：78-79）。

第三，共时和历时的区别。这个区别包含了静态语言学与演化语言学之间的关系，它们究竟是对立的还是分层的概念。索绪尔明确地提出，这两者之间是对立的。他说，共时语言学和历时语言学两者之间是对立的，不是可以并驾齐驱的，两者之间不能够相互依存，是各说各的，两者之间没有关系，所以，不能用共时语言学的观点来反驳或解释历时语言学的思想。这两者之间没有一种逻辑的相互关联，是对立的。但事实上，今天很多哲学家都认为，这两者之间不是对立的，它们只是一个分层的区别，它们是在不同层次上来讨论的。从分层的角度来看共时和历时的区别，我们就可以很好地理解，为什么共时和历时可以同时出现在索绪尔的语言学当中。共时和历时的说明，同时又是逻辑的形式说明与时间的历史描述之间的关系。我们在前面已经指出，共时性概念不是一个历史的概念，或者时间的概念。一般我们说共时性就是同时代性，但是索绪尔讲的共时性是在一个逻辑空间当中的共时，所以，它一定是空间中的共时，而不是同时代性的，它是一个非时间性的概念。

第四，结构主义与后结构主义的关系。索绪尔的思想有强烈的后现代特征，他的思想在很大程度上体现了后现代哲学的一个特点，即不追求中心主义，不追求基础，强调在建立语言共时性结构的同时摧毁语言的坚定性、客观性。这里的坚定性就是一致性，即语言中的所有东西都是一致的，都是按照同一方式。否定这一点的同时，也就否定了语言的客观性。语言不是我们可以直接用来反映外部事物的，我们不是以语言对外部事物的反映作为语言的意义和真理性的标准，而是以语言的任意性和语言系统的完备性作为对语言的特征描述（或刻画）。即使去掉了语言的客观性，它也不可能就是纯粹主观的，因为语言不是纯主观的。无论对语言进行历史演变的还是静态的考察，都不可能是任意的。这里的任意不是纯粹主观的、随意的，而是根据语言自身的结构安排。语言自身有一个自我完备的系统，这就是非客观的，即语言系统不跟外部事物发生关联，但也因为这一点，索绪尔的思想不断地遭到批评，很多哲学家都说这种语言观是唯心主义的：由于语言跟世界不发生关系，所以这种语言观无法解释语言是如何来描述世界的。然而，反对者恰恰不知道索绪尔思想中的两个重要内容：其一是索绪尔是在谈语言本身，而不是在谈语言和外部世界的关系；其二是他谈的是语言如何以其自身的完备性形成我们对世界的理解。在这个过程当中，语言有自身的表征特征，这种表征特征是别的符号系统所不具备的。例如，除了语言之外的别的符号系统（手势、暗号等各种各样的符号语言）跟索绪尔所研究的人类的语言之间一个重要区别，就在于人类的语言有一种自我完备的、可以用来很好地表达人类对世界的理解的机制，这是人类一直捉摸不透的地方。所以说最难理解的不是世界，而是人本身。这主要不是因为人的复杂性，而是人必须要通过对自我的理解来认识人，这是一个循环。要靠自身来认识自我，这是非常困难的一件事情。而语言就面临着这个困难，即当我们研究语言的时候，我们不能够摆脱语言本身，我们只能够在语言中研究语言。哲学家们一直想找到一个语言观，这种语言观既是在语言当中来讨论语言的，又能够把语言看作是我们大家可以共同理解和接受的。实际上直到今天，哲学家们和语言学家们一直在做着这项工作。

3. 当代哲学家眼中的索绪尔

最后，简单地谈谈当代哲学家眼中的索绪尔。首先是英美哲学家眼中的索绪尔。其实，英美哲学家很少对索绪尔做出评价，我引述的是牛津大学的柯亨教授在利科应联合国的要求主编的《哲学主要趋向》这本书中所写的一段话。他说："我们将要论述的语言哲学属于这样一个时代，这个时代目睹了语言学跃居到人文科学中的领导地位。这门科学的高度理论性使它成为任何认识论思考的出发点，因此不难在语言学中发现人类现实的一切符号学方面的描述模式和说明模式……索绪尔的《普通语言学教程》……建立的语言结构观对现代语言学起着主要的支配作用，尽管在不同学派之间还有这种或那种争论……《普通语言学教程》的诸原理成为语言学研究的共同基础，然而索绪尔也遗留给后人很多未解决的疑难。"（利科 1988：337-338）可以看出，他充分肯定了语言学在整个人文学科中的高度地位，甚至认为，如果我们不了解语言学中的理论，我们就很难理解人类的思维活动本身。而关于索绪尔的两句肯定的话里面都包含了否定。索绪尔的贡献恐怕正是他引起了后代哲学家和语言学家对他的思想的不断批评、质疑，这才使得他的思想有了价值。甚至可以说，索绪尔的思想从来没有被真正驳倒过。

德里达是一个最具代表性的反对索绪尔的哲学家，他在《论文字学》里面就谈到了索绪尔的思想，特别是谈到，"索绪尔将言语系统与表音文字（甚至与拼音文字）系统相对照，就像把它与文字的目标相对照一样。这种目的论导致将非表音方式在文字中的泛滥解释成暂时的危机和中途的变故。我们有理由把它视为西方人种中心主义，视为前数学的蒙昧主义，视为预成论的直觉主义。"（德里达 1999：55）他把索绪尔的思想看成是人类中心论的一个代表观点，这是错误的，是误解了索绪尔的思想。2012年，有一个作家专门写了一本书，书名就是《假使德里达关于索绪尔出了错》[1]，在书中作者对索绪尔的观点做了一番阐发。

最后是中国哲学家对他的评价，主要根据陈嘉映的评价。他说："索绪尔是现代语言学的创始人。他是语言学家，一般不把他列为语言哲学家。然而，一门新兴人文科学总是带着相当深入的哲学思考才能成形的。作为一门最重要的新兴人文科学的开创者，他对语言哲学的影响以及对一般哲学思考的影响都极为广泛、深刻。"这出现在他写索绪尔这一章的引言部分。在结语部分，他说："索绪尔不止是一个专家，他是一个名副其实的思想家。虽然索绪尔本人并没有一般意义上的哲学著作，但他的语言学洞见不止为这门科学作出了贡献，而且对现代思想有深刻的影响。"（陈嘉映 2003：71，83）这是我所见到的对索绪尔哲学思想最高的评价。

通过这些评价我们可以看出，虽然在英美传统中，包括在欧洲大陆的传统中，对索绪尔的思想各有褒贬，而且批评的声音居多，但是，正由于人们不断地对索绪尔思想的批评、质疑和挑战，才逐渐形成了新的哲学思想，甚至形成了新的语言学思想。所以，我们把他理解为哲学家，他当之无愧。

参考文献

[1] 陈嘉映，2003，语言哲学[M]. 北京：北京大学出版社.

[2] 德里达，1999，论文字学[M]，汪堂家译. 上海：上海译文出版社.

[3] 利科，1988，哲学主要趋向[M]，李幼蒸、徐奕春译. 北京：商务印书馆.

[4] 索绪尔，1980，普通语言学教程[M]，高名凯译，北京：商务印书馆.

---

[1] Russell Daylight, *What If Derrida Was Wrong about Saussure*, Edinburg: Edinburg University Press, 2012.

索绪尔的语言哲学思想剖析

四川外国语大学　王　寅

摘　要：索绪尔在《普通语言学教程》中所倡导的结构主义语言学，闪烁着若干语言哲学思想，值得我们深入剖析。本文首先论述索氏如何通过系列二分关闭了语言之门，别除了语言的工具性质，将其视为凌驾于人之上的一个抽象的形式系统。他在书中还提出了很多语言哲学基本原理：语言具有先在性，语言使思想出场；语言即思想，形式即内容；首倡"关门打语言"之策略，聚焦内部要素关系研究；大力倡导整体同构论等。这也进一步证明了我们在12年前将索氏结构主义语言学的哲学基础定位于语言哲学是可取的。

关键词：索绪尔；系列二分；语言哲学；关门

The Analysis of Saussurean Idea of Philosophy of Language

Abstract: Structuralist Linguistics, proposed by Saussure in his book "*Course in General Linguistics*", sparked with many ideas of Philosophy of Language, which is worth our further analysis. Firstly, the present paper will discuss how Saussure closed the language door by his series of dual divisions, thus the property of language as tool being abandoned, and language being regarded as an abstract formal system above man. His book is also concerned with lots of principles about Philosophy of Language, such as: Language is of priority, which makes thought come on stage; Language is thought and form is content. He initiated the strategy of "closing the door to beat language", with focus on the relationship between internal elements, and advocated holistic isomorphism, etc. All above has proved our argument twelve years ago that the philosophical basis of Saussurean structuralist linguistics is on philosophy of language.

Key words: Saussure; series of dual division; Philosophy of Language; door-closing

1. 序言

　　国内外语言学界的很多同行未能从语言哲学（包括马克思主义语哲）的角度来深刻理解索绪尔，因而对他与语哲之间的渊源关系认识不很到位，难免对索氏的哲学思想了解不够。如在Volosinov（1929/1973）的"*Marxism and the Philosophy of Language*（《马克思主义与语言哲学》）"和Lecercle（2006）的"*A Marxist Philosophy of Language*（《马克思主义语言哲学》）"中都较为详细地论述了索氏的语哲观，并基于马克思主义基本原理对其做出了严厉的批判。如 Volosinov（1973：57）将索氏视为语言哲学第二思潮的重要代表，且列述了其4个基本观点：

（1）语言是一个稳定不变的、规范同一的形式系统，对于个人具有先在性；
（2）语言规则即为语符在特定而又封闭的语言系统中的连接关系；
（3）这种连接与意识价值（人文艺术、认知等）没有任何关系；
（4）讲话的个体行为仅是系统的偶然折射和变异，对规范同一形式的简单变形。

语言系统与历史无关。

Lecercle（2006：67-72）论述了"主流语哲"的6个主要原则：

（1）内部性原则（Principle of Immanence）；
（2）功能性原则（Principle of Functionality）；
（3）透明性原则（Principle of Transparency）；
（4）理想性原则（Principle of Ideality）；
（5）系统性原则（Principle of Systematicity）；
（6）共时性原则（Principle of Synchrony）。

很显然，除了第（2）和（3）外，其他四条原则皆明显源自索氏。

现笔者从以下七个方面来说明我们为何要将结构主义语言学的哲学基础定位于语言哲学（即分析哲学），或者说，现代语言学如何在某种程度上促动了语言哲学的形成和发展。

2. 西哲要旨：二分法

索绪尔，一位深受西方形而上哲学熏陶的学者，娴熟地运用了"二分法"之大刀，对"语言交际能力和系统（Language）"进行了系列切分，且采取"留其一而舍其另一"的策略，走上了"历史比较语言学"的对立面，从而形成了20世

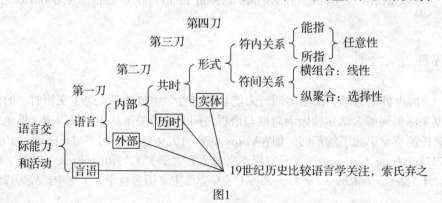

图1

纪的一场哥白尼式的语言学革命。

待索绪尔的系列性四刀切下（王寅 2013）之后，语言的大门就被一步一步地关紧，语言本质显现而出，它便是"形式"，这与西方"形而上学"中的"形（本质）"相吻合。那些被索氏切除的对象（图1中方框）正是"语言作为工具"的重要体现，没了它们，语言也就失去了"工具性"，留下的便是"语言、内部、共时、形式"这一抽象的、同质的"系统"而已。可见，索氏彰显"形式系统"的代价便是"工具性"。

结构主义语言学的核心原则为"语言是一个抽象的形式系统"，它一方面切断了与人的联系，另一方面也切断了与"社会"的联系，因为有关"人"和"社会"的要素都包含在被索氏切除的"言语、外语、历时、实体"等之中，它们是历史比较语言学的根基。因此，说索氏结构主义语言学具有"社会性"，这显然是不靠谱的，有违索氏核心原则。但是，既然是系统，必然会涉及群体的人，或整个人类，这或许也是索氏要建立"普通"语言学的出发点，索氏在教程中很多地方都谈到了这一观点。笔者几经思索，将其理解为"这一形式系统具有*社团性*"（王寅 2011, 2013），而不用"社会性"，以防学界引起不必要的误会。这句话的意思为：语言的形式系统"凌驾于人之上"。

我们知道，西方哲学主要有三个转向："本体论"强调的是"客-主关系"，关注客体如何向主体反映，重在追问世界中存在什么，它们的本质是什么？"认识论"强调是"主-客关系"，颠倒了两者的关系，置主体于客体之上，追问主体是如何认知世界的，人的真知来自何处，主体如何将自己的认识加于客体之上。"语言论"则再次颠倒了上述关系，将"语言"置于至高无上的地位，凌驾于"人主体"之上，从而建立了"语-主关系"。若从这个意义上来说，索氏（1916）正反映着"语言哲学"之精髓，颠覆了语言工具论之传统观，将语言置于人之上，语言才是哲学研究之首要，这就与当时的语言哲学之先驱弗莱格、罗素、维特根斯坦等的观点相一致，将哲学研究聚焦于语言。因此，说"索绪尔不仅是语言学家，而且还是语言哲学家"，确如其分，顺理成章！

3. 语言具有先在性，语言使思想出场

我们知道，语哲学家提出了一个彻底改变语言命运的经典名言，语言是先于我们个人，先于（至少是同时）我们的思想而存在的，"语言使思想出场"。索氏（1916：110）对这一核心原则也作出了如下精彩论述：从心理方面看，我们的思想离开了词的表达，只是一团没有定形的、模糊不清的浑然之物。哲学家和语言学家常一致承认，没有符号的帮助，我们就没法清楚地、坚实地区分两个观念。思想本身好像一团星云，其中没有必然划定的界限。预先确定的观念是没有的。在语言出现之前，一切都是模糊不清的（参见高名凯 1996：157）。这段话有多重含义，它们都是分析哲学的重要思想：

（1）语言使得思想清晰，使人出场；

（2）语言本身就是思想，就是存在；

（3）语言如实反映现实，与世界同构；

（4）语言本身就是主体，不是工具。

这一段经典语句所论述的主要思想与语哲的基本原理"思想凭语言出场"完全吻合，若无词语，思想就犹如一团没有定形、模糊不清的星云，只有词语才能使得观念变得清楚，语言起着建构世界和思想的作用。也只有通过命名，事物才得以显示自身，也才能相互区分开来。

新康德主义者卡西尔（Cassirer 1874—1945）也指出（或许受到了索氏的影响），文化是"说"出来的，是借助语言、通过语言而形成的，语言是先在的。语言符号不是给预先存在的观念贴上相对应的符号标签，它不是一个命名集。这就是学界常说的"语言中心论"，它实为某些后现代哲学家消解"人主体中心论"、倡导话语中心论之先声，我们可直白地将其表述为"关门打语言"。如此说来，人是语言的产物而不是发明者，分明是语言在"说"我们，而不是我们在"说"语言。

既然语言使得思想出场，没有用语言表达出来的，谁能知道你头脑中是否有思想，有什么思想？我们自然就能获得第（2）点认识，可在语言和思想之间直接画上等号。若从这个角度来说，我们所了解的世界都是由语言所表达出来的世界，世界存在于语言之中，人也只能靠语言来建构和理解世界。该观点在维特根斯坦（Wittgenstein 1922）中被表述为："语言的界限意味着世界的界限。"这就是第（3）点认识，在海德格尔（Heidegger 1927）的论著中被发展为"语言是存在的家园。"

胡塞尔的"现象学还原"似乎也与此有关，将世界中实物"悬置"起来，放在括号中"存而不论"，专心关注先验性纯粹意识（cf. 王寅 2001: 52）。这样，意义就不是由世界或实物决定的，而取决于它们是否能在心智中得到"呈现"，或是否能"自明"。这也可见索氏理论与欧洲语哲的渊源关系。

正如陈嘉映（2003: 130）所指出的，"虽然弗雷格和罗素比以往的哲学家更多地谈论语言，虽然一般都认为他们两人是语言哲学的奠基人，我却倾向于把他们视做语言哲学的先驱，索绪尔、维特根斯坦、海德格尔等人才是语言哲学的奠基人。只有认识到语言从根本上对世界具有建构作用，才算把语言视做哲学的核心领域。"

4. 批判语言工具论

根据上文对索氏经典语录的解读可见，语言本身就是思想，就是存在，从而可将语言系统升华到与"思想和存在"平起平坐的哲学高度来认识。据此，我们似乎可获得以下几个等式：

（1）语言＝思想；　　　（2）语言＝存在

（3）语言＝形式；　　　（4）形式＝内容

据此自然就能得出上文第（4）点"语言不是工具，而是主体"的结论。

语言符号既然不是给现存观念贴上标签，思想是凭语言出场的，在语言中得以澄清，显现自身，那么语言就不再是从属于思想的表达工具。这样，在索氏眼里，语言就是主体，语言使人出场，使思想明晰，根本不存在什么先于或独立于语言的观念，无论是以亚里士多德为代表的感性论还是以柏拉图为代表的理性论，他们所追寻的绝对真理和客观本质，都是后于语言的产物。换句话说，语言不是工具，它本身就是思想，就是存在，本质在于语言之中。

索氏基于上述思考率先喊出了"批判语言工具论"的先声，颠覆了西方近现代哲学"人主体中心说"，将语言视为一个客观存在的独立系统，只有它才是语言研究的中心。这一立场与逻实论排除"人主体"同出一源。据此，人就像社会一样，是语言的产物而不是其发明者，世上唯一独立存在的就是语言，从而彻底将"人主体"非中心化了。这一观点导致了语哲学家颠覆"语言是客体"的传统，开始将语言捧为"主体"。经过索氏和语哲学家之手，语言摇身一变，从"奴仆"转为"主人"。

索氏将"自然语言"（相对于弗雷格和罗素等的逻辑语言、海德格尔的诗性语言）直接视为一个"本体"和"系统"，本身就可作为研究对象，并以此为出发点具体分析了语言的本质和内部结构。这对语哲学家很有启发：似乎可通过语言分析来解决哲学的形而上学老问题，从而看到了语言研究在哲学中的价值，这与语哲基本原则完全相吻合：通过语言分析重铸哲学老问题（Baghramian 1998）。

5. 关系vs命题/事实

"分析"不仅是将大的分解为小的，而且还要论述要素之间的关系和差异，这正是索绪尔结构主义语言学的基本原则：语言是一个由语言成分之间相互依赖的关系所组成的结构体系，符号意义来源于符号之间的差异性，以及横组合和纵聚合的关系，从而将研究对象从"实体"导向了"关系"，这正与摩尔的观点相符（cf. 江怡 2009: 100）。

罗素重点关注"原子事实"或"原子命题"，即由名词与动词组成的陈述性命题。维特根斯坦（1922）在《逻辑哲学论》中开场一句话："The world is totality of facts, not of things.（世界是事实的总和，而不是事物的总和。）"就是索氏"关系论"的翻版。这里的"facts"意为"信息、事实"（information and evidence, particular situation under discussion），它与"个体事物"相对，包含了"事物的结合""对象的关系"。在物理学家看来，世界是由"物质（即事物）"组成的；而在哲学家眼里，世界是由"命题"和"事实"构成的，这里的

"命题"和"事实"强调的便是事物与事物、要素与要素之间的关系。

维氏开篇就立此命题，可见其重要性，意在突显事物所构成的世界不是"实体世界"，我们所生存的世界不仅如此，更主要的是"事实的世界""关系的世界"。因此我们可以推论，索氏与语哲之间有紧密的渊源关系：他将注意力聚焦于语符之间的形式关系上，罗素将注意力聚焦于名词和动词（即命题）的关系上，维氏将注意力聚焦于事物的关系（即事实）上。这些观点可谓异曲同工，具有划时代的意义，分别为语言学和哲学研究开辟了崭新方向，从"实体论"转向了"关系论（即形式论）"。索氏整个结构主义语言学理论就是建立在"语言系统论"之上的，且突显其"先验性"和"自治性"，这对乔姆斯基的影响也是不言而喻的。

索氏批判了"语言工具论"，强调语言本身是主体，不是我们在说语言，而是语言在说我们（王寅 2001：216）。这就又引出了一个新悖论：语言，如同上帝一样，是人造出来的，它又反过来成为人的主人！这自然就得出了"语言是牢笼"的观点。似乎对于人类来说，我们别无他路可走，只能生活在语言的牢笼之中。也正因为人有了这一语言牢笼，才使得我们有别于动物，成为人自身。这与语哲学家提出的语言论转向是相通的。索氏之所以能有此认识，或许是受到了当时语哲学家观点的影响，也可能是语哲学家受到了索氏的影响。

6. "关门风"刮及各科

如何研究语言系统内部的要素关系？必走"关门打语言"之华容道，关门后的结果就是：语言不再是工具，而是一个凌驾于人之上的抽象的形式系统，这正是索氏哥白尼革命意义之所在，使得现代语言学理论明显打上了"内指论"的烙印。这一观点与罗素的摹状论密切相关。

弗雷格（1892）接受了密尔"内涵决定外延"的观点，认为语符是通过"涵义（Sense）"指向"指称对象（Referent）"的，但并未详细论述前者是如何决定后者的，仅只笼统一说而已。罗素则发展了弗雷格的"涵义论（Sense Theory）"，进一步将其中的Sense修改为Description，即用"摹状性词语"来进一步详细解释名称是如何通过内涵来指称其对象的。显而易见，罗素提出了遵循如下思路的重要方向：仅在语言系统内部，靠摹状描述语就可提供解释名称意义的词语。当莱布尼茨、休谟和康德区分了分析命题和综合命题之后，就主张仅从语言内部来解释分析命题，在此就已提出了"关门"思想，可将综合命题的"真"诉诸语言外部的经验。

我们知道，索氏的关门思想受到经济学的影响，商品的价格仅凭经济系统内部的"供给"和"需求"这两个要素来决定，而不必借助其他外界要素。我们还可以货币为例，是金本位、银本位、铜本位、纸本位，只有将它们置于特定的货币系统中才能实现交换价值。也就是说，用金属或纸张来表示交换价值并不重要，重要的是"体现交换价值的系统"，因此语言学应当研究其"价值系统（或形式系统）"，而不是具体的物质性词语。

但我们未曾读到任何文献记载，不知道罗素和索氏是否谋过面，但是我们知道康德、罗素等已是著名的哲学家，名声大噪，他们的观点或许也早已传到了索氏耳中，因为我们在索氏（1916：110、85）遗著中有一处提到了"哲学家"，一处提到了"语哲学家"，我想他不可能不了解他们的观点！或许正是语哲学家和经济学家的这些观点启发了他的灵感，系统建立了"关门派"的语言理论。但不管怎么说，将"内指论"归结到罗素和索氏这两人的头上总不为过，这亦可说明，结构主义语言学就与当时的语哲密切相关了。

索氏的"关门战略"和"内指论"具有划时代的意义，影响到了语言研究的各个层面，以及语言学之外的学科：

（1）音位学实施"关门打语音"。

（2）语义学实施"关门打语义"，建立了"Semantic Field Theory（语义场理论）""Sense Relations（涵义关系，如：上下义、同义、反义、部分–整体等）""Semantic Componential Analysis（语义成分分析法）"等分析方法，使得结构主义语言学体系更为完善。

（3）文学中的形式主义实施"关门打文本"。

（4）乔姆斯基提出语言自治论，实施"关门打句法"。

（5）Halliday在某种程度上也实施了"关门打语篇（主要从语篇内部的连接词语来论述语篇连贯）"。

（6）哲学进入了"关门打文本"的年代。

乔姆斯基所创立的TG学派循其思路实施了"关门打句法"的策略，专注于研究先天性句法结构的形式化问题；Halliday（1976）在语篇分析时也烙上了"系统"的影子，贯彻着"关门打语篇"的方针，从语篇内部的连接词语所起到的"衔接（Cohesion）"作用来分析语义连贯（Coherence）。

"关门战略"还影响到20世纪近百年的其他若干学科，包括：人类学、社会学、心理学、生物学、文学、音乐、美学、历史学、民俗学、教育学、宗教、医学、数学、建筑学等，也包括哲学和逻辑学。德里达（Derrida 1930—2003）就曾实施"关门打哲学"的策略，他（1967：158）有一句名言就是这一立场的真实写照："There is nothing outside the text.（文本之外别无他物。）"后来又将其说成："There is nothing outside context."戴维斯（Davis 2001：9）将其进一步解释为："Any meaning at all is contextual event. Meaning can't be extracted from, and cannot exist before or outside of a specific context.（任何意义都是语境性事件，意义不能从特定语篇中抽象出来，也不能存在于特定语篇之前，或独立于语篇之外。）"

可见，德里达曾尝试把哲学"从研究与外部世界的关系"转向"哲学文本本身"，通过研读哲学文本，在其内部自由游戏解构了整个西方哲学，并最终开创了解构主义事业。如德氏在游戏索绪尔结构主义文本时，发现其内部观点的矛盾之处，提出用"自毁原则"来解构索氏理论的分析方法。

巴尔特指出，当作者写完文本之后，他就死去了，文本意义就取决于读者，读者所理解的文本意义必然会与作者原意有所不同，乃至大异，作者所欲表达的意义是一回事，文本所意谓的却又是另一回事。这样，文本意义就不再反映原作者的意向，它往往比作者写作时的意谓要发生许多变化，且复杂得多，内容也更丰富。德里达的这句名言"文本之外别无他物"就传递出了这一信息，文本意义可在文本之内无限地游荡、延异、撒播，因而可产生出无穷的意义，这便是对解释学的最好解读。

哲学界也将"关门打语言"的立场视为语哲观，如徐友渔（2001：334）所说："照许多语言哲学家来看，语言和世界没有什么关系，哪怕是间接的关系，它是一个自由、自足的体系，哲学就在这个体系内部活动。语言表达的命题是否为真，与世界没有关系，仅由语言内部的规则来确定。罗素和早期的维特根斯坦认为，我们可以通过分析语言的结构而知道世界的结构。"引文中所说的"语言是自由、自足的体系"，正是索氏的语言内指论，主要关注其内部要素以及要素之间的形式关系。这里不仅有欧洲哲学传统的影子，而且还有弗雷格、罗素和维氏等分析哲学的影子，因为他们着眼于从语言系统内部来进行分析。但不管怎么说，索氏与当时的分析哲学家享有很多共同的关键观点，这就是我们12年前为什么主张将索氏语言学理论的哲学基础定为语哲的主要原因。

7. 整体性同构关系

人们一直在思考，凭什么仅靠系统内部的词语关系就能确定词语意义，有学者主张必须将索氏置于西方语哲的大背景下才能解释清楚。

基于语哲的"语言使思想出场""语言等于思想""语言与世界同构"这一背景知识就可回答这一问题，因为语言系统与外部世界具有同构关系。这种关系虽不是索氏论述的重点，但可把索氏的"内部关系论"置于"同构关系论"的大背景中，便可更好地理解为何索氏要区分出内部语言学和外部语言学的原因。这一解读可从詹姆逊（Jameson 1972，钱佼汝译 1995：27）一段话中得到验证："所有这一切的哲学含义就在于不是单个的词或句子'代表'或'反映'了现实世界中的具体事物，而是整个符号系统、整个语言系统本身就和现实处于同等的地位。"他（1995：90）后来又说："整个符号系统似乎和全部现实相对应，然而具体的成分在任何时候、任何地方却未必一一对应。"

陈嘉映（2003：85）也有类似的论述："语言和现实是从整体上相联系的。索绪尔作为一个语言学家，没有详细阐述语言和现实的关系，但他的理论完全能够与语言/现实整体联系的看法相容。说到底，我们无须通过语言才接触现实，语言只是使得现实在语言水平上得到理解。"这或许也是对索氏持有或预设"语言与世界同构"的最好注解！

语哲中的理想语言学派意在建立一套精确的形式化语言来表达思想，以能求得意义的精确性。索氏也认为在语言系统内部，可由横组合和纵聚合的交叉来规定符号的价值，它是确定的，因而意义也是确定的。这犹如在一个平面中，两条不平行的线总会有一个固定交点。这种解释意义确定性的思路与语哲对精确意义的追求相吻合。

8. 索氏对语哲的影响

8.1　为德里达解构论提供靶源

索氏意在消解"人主体中心论"，建立"语言中心论"，说到底，还是未能跳出"逻各斯中心主义"的窠臼，索氏仅将其改头换面而已。"语言中心论"不仅与哲学的语言论转向相通，且也与"在场的形而上学"追求可靠和不变的基础，运用二元方法论建立完整严密的学科体系这一宗旨相吻合。这就成为后现代哲学，特别是德里达解构主义所批判的靶子（王寅 2011）。

德氏巧妙地利用了索氏理论中的自我矛盾来批判他，这就是德氏所说的"自毁原则"。这里的"解构"不是平常意义上的"破坏"或"毁灭"，而主要是通过揭示形而上理论中不能自圆其说的言论，披露作品自身前后矛盾之处，让其不攻自破，便可毁掉作品的一致性，以说明文本意义的撒播性，证明作品意义的不确定性。德氏主要揭示了索氏理论的四点矛盾之处：

（1）索氏认为符号意义来自与其他符号的差异和关系之中，可这个"其他符号"究竟指哪些呢？如"书"可能会与"笔、纸、作者、读者、出版社"等无数概念有差别和关系，倘若这些概念列不全（事实上也不可能列全），结构主义所提出的"意义在结构体系中具有确定性"就自相矛盾了，这足以可见该观点的"胎里疾"。

（2）"能指"和"所指"两者都是心理实体，它们究竟为何物，其间有何关系，有无明确界线？我们知道，由能指确立的所指，也可能再次用作能指来指称其他概念，两者可形成一个"能指–所指链"。此时，意义就不可能存在于任何固定符号中，而只能是"撒播"在一连串的能指之中，这也是针对索氏"意义确定论"所作的批判。

（3）既然索氏认为符号意义来自于差异，这就意味着符号的本质是差异，是变动不居的，据此自然能推导出意义的不确定性。这再次使得结构主义陷入自我矛盾之中：若讲符号的差异性，就难以论证意义的固定性；若讲意义的确定性，就势必要掩盖符号差异性本质。索氏及其追随者又该何去何从？

（4）索氏将语言系统切分为"语言vs言语"，且将研究对象聚焦于前者，另一方面又在语言系统中心论的基础上提出"语音中心论"，认定符号是由"表示音响形象的能指"与"表示概念的所指"结合而成的，可见他的理论是以语音为核心的。而说到"语音"，它又与"言语"紧密相关，这从索绪尔所画的言语循环交际图可见一斑（Saussure 1916：11-12），这里又出现了一个新矛盾。

索氏理论中还有很多其他自相矛盾和不足之处，国内外很多学者对其都有详述，此处不再赘言，参见高名凯（1963）、许国璋（1988）、徐德江（1999）、丁尔苏（2002）、李葆嘉（2001）等。

8.2 对言语行为、乔氏、CL的影响

索氏区分了语言与言语之后，他自己专注于前者，却也引出了很多学者研究后者，如维氏的语言游戏论、奥斯汀的言语行为论等则强调了语言的使用。索氏"关门打语言"的内指论也是乔姆斯基语言自治论的直接来源，其"形义一体观"也是体验哲学（Embodied Philosophy）和认知语言学（Cognitive Linguistics，CL）的基础之一，如：象征单位（Symbolic Unit）为形义配对体（详见王寅2007，2011）。当然，他所坚持的"任意性"原则，引起后来者的若干争议，也受到了CL的严厉批判。

8.3 索氏与语哲三原则

江怡（2009）在论述语哲时强调了三大原则："以形式逻辑为基础，以语言为研究对象，以分析方法为特征"，其中的三个关键词"形式、分析、语言"也是索氏结构主义语言学的基本出发点。

（1）形式。索氏虽未述及"形式逻辑"，但他依旧继承了西方形而上学的衣钵，在二分"形式"与"实体"的基础上明确指出语言不是"实体（Substance）"，仅是"形式（Form）"，语言学应当抛开语符所传达的具体内容而以研究"形式"为主。

亚里士多德所说的事物的形式，主要指事物存在的理由，形式就是内容或本质，它不仅指出了对象，而且还创造了对象。索氏所讲的"形式"与亚氏观点密切相关，也指语符存在的理由（或语符的本质），主要指"语符的内部结构（能指和所指相结合产生形式）"以及"语符间各结构关系（横组合、纵聚合、差别、对立等）的总和"，可合称为"形式关系"或"关系形式"，具有抽象性。这样，语符意义就与外部世界无关，仅产生自它在语言系统中的位置和价值，即事物本身的功能没有它在系统中的价值重要，只有求助于非人格化的关系形式才能揭示出语言的本真面目。这就是我们常说的"系统产生关系，关系决定价值，价值规定意义"。显而易见，这是一种反人本主义和实证主义的立场。

索氏（Saussure 1916：88）还以下棋作比，棋子由什么材料（实体）制作不重要，重要的是它们的价值，取决于棋子在棋盘上的相对位置；语言中各要素的价值也是由它各项要素对立产生的。因此，索氏对"形式"情有独钟，逻实论者则主张用现代数理逻辑将这种形式公式化，可见，他们的思路同出一源。

（2）语言。正如上文所述，西方哲学的语言论转向坚持"语主关系"，置语言于主体之上，通过语言分析解决千年哲学老题。索氏通过四次二分，将语言从活生生的言语、外部、历时、实体等四要素中剥离出来，成为一个凌驾于人之

上的抽象形式系统，从而颠倒了思想与语言的主从关系，将语言置于"主体"的位置，这与语哲学家将"语言"视为重点研究对象不谋而合，抑或是有谋而合？

（3）分析。结构主义语言学也倡导分析的方法，将系统分解为组成要素，揭示系统内部要素之间的关系，这也是分析哲学中所说"分析"的含义之一（王寅 2012）。

9. 结语

索氏（1916）在《普通语言学教程》中所透射出的哲学思想，当是西方语哲得以发祥的一个不可忽视的来源。当然，索氏也有可能受到当时语哲学家有关观点的影响而提出自己理论的。他（1916：110）曾说过，"Philosophers and linguists have always agreed that were it not for signs, we should be incapable of differentiating any two ideas in a clear and constant way.（哲学家和语言学家常一致承认，没有符号的帮助，我们就没法清楚地、坚实地区分两个概念。）"（cf. 高名凯 1996：157）根据我们的理解，这里的"哲学家"便应当是当时的"语哲学家"，因为这句话是语哲的一个重要思想。

本文主要从七个方面论述了索氏与语哲学家之间存在的诸多渊源关系，不仅证明了将索氏理论的哲学基础定位于语哲是可取的，而且也说明，只有从语哲角度才能更好地理解索氏哥白尼革命意义之所在，也才能更好地掌握结构主义语言学的精髓。

因此，索氏不仅是一位语言学家，更是一位重要的语哲学家。我国学者陈嘉映（2003）就在他的《语言哲学》中专辟第五章论述了索氏的语哲观，值得我国语言学界的同仁认真一读。

参考文献

[1] 陈嘉映，2003，语言哲学[M]. 北京：北京大学出版社.

[2] 丁尔苏，2002，语言的符号性[M]. 北京：外语教学研究出版社.

[3] 江怡，2009，分析哲学教程[M]. 北京：北京大学出版社.

[4] 高名凯，1963，语言论[M]. 北京：人民出版社.

[5] 李葆嘉，2001，理论语言学：人文与科学的双重精神[M]. 南京：江苏古籍出版社.

[6] 王寅，2001，语义理论与语言教学[M]. 上海：上海外语教育出版社.

[7] 王寅，2007，认知语言学[M]. 上海：上海外语教育出版社.

[8] 王寅，2011，体验人本观视野下的认知符号学[J]，外语研究（3）：1-6.

[9] 王寅，2013，索绪尔语言学哥白尼革命意义之所在（之一）[J]，外国语文（1）：1-7.

[10] 徐德江，1999，索绪尔语言理论新探[M]. 北京：海潮出版社.

[11] 许国璋，1988，语言符号的任意性问题：语言哲学探索[J]，外语教学与研究（3）：4-12.

[12] 徐友渔，2001，20世纪英美分析哲学中"语言的转向" [A]，陈波主编，分析哲学：回顾与反省[C].成都：四川教育出版社，

[13] Baghramian, M. 1998, *Modern Philosophy of Language*[M]. London: J. M. Dent.

[14] Davis, K. 2001, *Deconstruction and Translation*[M]. 上海：上海教育出版社.

[15] Derrida, J. 1967. *De la Grammatologie*[M]. English translation by Spivak, G. C. *Of Grammatology*. Baltimore: The John Hopkins University Press.

[16] Frege, Gottlob. 1892. On Sense and Nominatum[A]. Black, M. & Greach. P. *Translation from the Philosophical Writings of Gottlob Frege*[C]. Oxford: Basil Blackwell，1952.

[17] Halliday, M. A. K. & Hasan, R. 1976. *Cohesion in English*[M]. London：Longman.

[18] Heidegger, M. 1987[1927].存在与时间[M].陈嘉映、王庆节译.上海：三联书店.

[19] Jameson, F. 1995[1972]. 语言的牢笼[M]. 钱佼汝译. 南昌：百花洲文艺出版社.

[20] Lecercle, J. J. 2006, *A Marxist Philosophy of Language*[M]. Translated by Elliott, G. Leiden: Brill.

[21] Saussure, F. 1916. *Course in General Linguistics*[M].Translated by Baskin, W. London：Peter Owen Ltd.

[22] Saussure, F. 1959. 普通语言学教程[M]. 高名凯译. 北京：商务印书馆.

[23] Volosinov, V.N. 1973. *Marxism and the Philosophy of Language*[M]. Trans. By Matejka, L. &Titunik, I. R. New York: Seminar Press.

[24] Wittgenstein, L. 2002[1922]. 逻辑哲学论[M]. 贺绍甲译. 北京：商务印书馆.

《普通语言学手稿》编者前言

南京大学　于秀英

索绪尔关于普通语言学的思想主要源自三个文本：

（1）费尔迪南·德·索绪尔本人的书稿；

（2）1907—1911年期间的学生课堂笔记；

（3）沙尔·巴利与阿尔伯特·薛施蔼整理编辑的《普通语言学教程》[1]（以下简称教程），主要根据的是学生笔记，于1916年出版。

"普通语言学[2]" 沿用了日内瓦大学所设的课程名。此语受到德语 l'Allgemeine Sprachwissenschaft一词的影响，20世纪初在法语却是一个普通词语，不过，当时人们对此词的认识却不完全一致。西尔万·奥鲁（Sylvain Auroux）对1870至1930年间发表的德语、法语、英语作品进行了对比，指出它具有以下几个意思：

（1）语言学及其成果介绍；

（2）具有一定普及性的关于语言的论文；

（3）关于语言的百科知识；

（4）特殊方法论的探讨；

（5）语言学的专题论文[3]。

这门专为他设立的课程名称是否妥当，索绪尔似乎从未多加考虑，他提到更多的是，他的教学目标是"语言学哲学"（une philosophie de la linguistique）。

1916年发表的《教程》已将普通语言学与索绪尔思想联系在一起，本书沿用原有题目（后来的普通语言学课程亦然），但其固有的内涵，并不说明19世纪转折时的多种用法，而是指索绪尔特定的一整套思考。

索绪尔对普通语言学的整体思考，其实涵盖了三个知识领域 —— 当然不是上面所提及的三个文本。

第一个知识领域是认识论意义上的（这里指狭义的科学批评）。这种认识论针对科学实践之可能需要的种种条件，索绪尔是这方面的专家：比较语法包含了当时所谓的**历史语音学**的内容。

第二个知识领域则是关于语言的分析思辨活动领域（亚里士多德分析论意义上的）—— 有时扩展到意义更为普遍的问题——索绪尔本人多次将其定性为哲学的：于是，人们还可以像他那样用语言学之哲学一语来表示。

[1]　德·索绪尔，《普通语言学教程》，由巴利（Charles Bally）和薛施蔼（Albert Sechehaye）与里德林格（Albert Riedlinger）合作整理发表，巴约（Payot）出版社，洛桑-巴黎，1916。

[2]　在此译本中，原文中的大写改为译文的黑体，原文斜体改为译文的楷体，下不赘述。——译者

[3]　《梅耶及其时代的语言学、历史、认识论、言语》（*Antoine Meillet et la linguistique de son temps, Histoire, Épisémologie, Langage*）中"普通语言学概念"（La notion de linguistique générale）第8 10-II，1988。

第三个知识领域是对即将诞生的学科的前景展望，因此是"纲领性的认识论"，它不在现有的正在发挥作用的科学可能性的分析范围内，而是对将要诞生之学科的一种预见。对索绪尔思想的第三个知识领域，巴利与薛施蔼曾想加以说明：《教程》之后，人们通常把这一领域的创立归在索绪尔名下[1]。

今天我们有必要把《教程》和学生笔记跟索绪尔的手稿进行比较，以突显这位伟大学者思想的深远意义，我们进而注意到，他的科学纲领并非如1916年《教程》所反映的那么绝对，他的科学纲领一直建立在阐释得非常仔细非常清楚的基础上。

所谓没有那么绝对，下面这句话可以为证："找出语言（langue）中，或构成言语活动（langage）的言语符号（signe de parole）中之普遍性的东西，我感到很困难，即这些符号从属于一门科学，范围远比'语言科学'（science du langage）大得多。我们谈论语言科学未免有点为时过早[2]。"他甚至说："如果有心理学现实和音位学现实，那么这两个学科分开来无法产生语言事实。—— 要想有语言事实，就得把这两门学科统一起来，这种统一很特殊——要探究其特点，或提前说这种统一究竟是什么，肯定徒劳无益[3]。"

说到日内瓦大师缜密思想的建立——无论是认识论的还是哲学的——其实正好符合这一思想的两个方面，显然都被"编者"（有意思的是，前言中巴利和施薛蔼也正是这样称呼他们自己的）忽视了：这就是比较语法的认识论和语言哲学。概而言之，前者由19世纪的认识范式（l'épistémè）形成，后者则由18世纪的认识论体系形成。语言科学的重构正是基于历史的回顾。当年比较语法从历时角度上严谨地解决了语音问题，而今天我们则要在共时层面上严谨地处理语义问题。

在此前提下，索绪尔认为未来之语言学不仅应当重新找到形态学、词法学和句法的传统对象，而且应当找到修辞学和文体学的研究对象。这一切恐怕都应统一在符号学之下，也就是说统一于一种新型的普遍语法之中，它是以系统内（intra-systémique）（还称为**负性【négativité】**、差别、虚空【kénôme】）**相反性原理**（principe d'oppositivité）为基础来理解其对象，设想其为**语言学形式理论**（mathesis linguistica）的组成部分。

早在1894年，在"关于惠特尼文章注释"的一文中，索绪尔就提出了这一论点："偶然所致的一连串语言组合（所谓的语言状态），其多样性和棋局的多样性完全可以说是不相上下。每种情况或什么也不包括，或包含一个描述和一个数学的估量[4]。"15年后，在1908—1909年度的普通语言学课上，他再次申明：

---

[1] 关于索绪尔普通语言学的三个知识领域，参看西蒙·博凯（S. Bouquet）的《阅读索绪尔导论》（*Introduction à la lecture de Saussure*），巴约出版社，1997。

[2] 参考下文，第281页 原文p 265。

[3] 参考下文，第85页 原文p 103。

[4] 参考下文，第206-207页。

"任何种类的语言学单位都代表着一种关系，而现象也是一种关系。所以，一切都是关系。语言学诸种单位不是语音的，而是由思想所建立的。只有复杂的词项：

$$\left(\frac{a}{b}\right)(a\times b)$$

所有现象都是关系中的关系。或者让我们用差异一语来表示：一切都仅用作相对（待）的差异，而对立赋予价值[1]。"在1910—1911年度的课上，他再一次说："「关于」这里使用的词项（terme）一语。诸词项，是用于运算的量：数学运算的项 —— 或具有确定价值的诸项。在这种意义上，它等于语言学单位[2]。"

以上的引证说明原始文稿所表现的索绪尔思想，并非如《教程》所显示的那样，如此断然明了，对这些关键问题，他也常持怀疑态度，并且直言不讳，而且将这些怀疑的本身变成了他的考证依据。就其思想表现为一场反对缺少认识论思考的斗争而言，这也是一场更为激烈的斗争。认识论思考是语言学之特点：一场为更新这门科学的基本概念而进行的斗争。这两点在学生的课堂笔记中及其手写文稿中都有记载，支持着一种比《教程》所表现得要更为微妙、更为清晰、更具说服力的思想。可是在1916年出版的《教程》中，这一思想不但被忽略，甚至被系统地抹去了。

*

在20世纪，上面提及的文本内容大多集中在《教程》里。

1957年，罗伯特·戈德尔（Robert Godel）以"费尔迪南·德·索绪尔的《普通语言学教程》稿本探源[3]"（*Les Sources Manuscrites du* Cours de Linguistique Générale *de Ferdinand de Saussure*）为题，开启了对索绪尔思想阐释研究的时代。他对索绪尔亲笔书写的语料进行了梳理和统计，从他的研究来看，这一题目显得不够清楚。显然，在编撰《教程》中，大部分语料并未作为原始资料（source）而为巴利和薛施蔼所用；戈德尔是用稿本探源这一题目指整个文稿，他也是第一个获得权力将之公诸于世，于是，稿本探源将与这些文稿联系起来，致使其重要性降低，其卓然独立的一面并没有显示出来，而这恰是索绪尔思想中至关重要的一面—— 尤其是他的语言哲学。

十九年后，鲁道尔夫·恩格勒根据索绪尔手稿和学生笔记，发表了一部综合性的版本，后作为《普通语言学教程》的校勘本而被接受；而校勘本所介绍的原始文稿，通常也未按其自身逻辑发展，而是参照1916年的版本编排的。的确，除了几个例外，（1891年的讲演，1894关于惠特尼文章的草稿）这些手稿本身并不完整，内容也不尽一致。

---

[1] F. 德·索绪尔，《普通语言学教程》，R. 恩格勒校勘本，第一卷（下面用CLGE /1 表示）Otto Harrassowitz, Wiesbaden, 1968, 274-275页（索引1964, 1968, 1963, 第2, 3, 5列）。

[2] CLGE /1, p 302（索引2121, 第5列）。

[3] 德罗兹，日内瓦，1957（以下用原始资料）。

因此，我们不能不为普通语言学一书手稿的遗失而深表遗憾。索绪尔曾对戈蒂耶（Gautier）先生坦言，他曾为之而努力过。他们之间的私人谈话，戈蒂耶记录下来。这是1911年5月6日，教授在这次谈话中，把他对这门课的顾虑告诉了戈蒂耶："从主题的复杂性出发来讲述，承认他的所有怀疑，这对教学来说是不适宜的"，然后，他向戈蒂耶谈了对语言科学的设想："（当我问及是否将这些想法记了下来）——是的，我记了，有笔记，但丢在一堆杂物里，很可能找不到了。（我暗示他，应该发表文章）—— 为了发表，再开始长久的研究，那太愚蠢了，当我想到那里，（他作了一个手势）有那么多还未发表的论文[1]。"

这本可能是探究语言科学基本概念的书，他在1891年开讲时就提到了："将来有一本特别且有意思的书要写，是关于字词的作用，作为字词科学（science des mots）的主要扰乱者的作用[2]。"对这本计划要写的书，他在1894年给梅耶，这位巴黎的朋友与同事的信中也提到，他每天都意识到"要做大量的工作，以便告诉语言学家他们究竟在做什么。"说自己由于"流行的专业术语荒诞不经，必须革新，为此，还需指出语言学的对象是什么"而不堪重负，最后他总结道："对此我既不热情，也无激情，尽管我不得不写成一本书，同时，我还要解释何以对语言学的任何一个术语都不赞同[3]。"他还认为语言学中语词的难题就是事物的难题，如此看来，这本书是计划对语言学进行彻底的革新。

然而，除了这个规划（1891，1894），除了他所承认的"遗失在一堆杂物中的笔记"（1911），除了今天我们所知道的部分零散文稿外，索绪尔似乎确实为普通语言学一书撰写了内容翔实的初稿。这正是我们要奉献给读者的。手稿于1996年在日内瓦索绪尔家私邸内发现，后来存入日内瓦国立大学图书馆，我们整理之后出版。

在新的手稿出版之际，我们觉得有必要把索绪尔关于普通语言学的所有手稿，即保存在国立大学图书馆内，后收入恩格勒1968—1974的校勘本中的[4]，也编进这本书里来。在本书目录表中均以"旧资料"为名，按照不同于原版本的文献学的规范安排，与新资料的规范统一起来。

*

1996年发现的手稿（1996年日内瓦国立大学图书馆馆藏）由不同的部分组成[5]：

（1）"论语言的二元本质"为题目的，大多放在一个大信封中，纸张规格大小一样[6]，许多带有标注："论语言的二元本质"，"二元本质"或者"（语言

---

[1] 参照原始资料第30页。

[2] 参照下文，127页。

[3] 参照原始资料第31页。

[4] 关于手稿的介绍，可查询费尔迪南·德·索绪尔学院因特网：www.institut-saussure.org。

[5] 与恩格勒1968—1974版本的文稿有关的日期推测，参阅 恩格勒，《普通语言学注解》（*The Notes on General Linguistics*），《欧洲结构主义：索绪尔，语言学当今趋势》（*European Structuralisms*：*Saussure*，*Current Trends in Linguistics*）13/2 册，1975。

[6] 译者在日内瓦大学手稿馆看到的手稿纸张规格并不一样，恐原编者有误。——译者

的）二元本质"，信封内还塞进一个标签，上面写着"语言科学"。

（2）以"新词条"（Nouveaux Item）为题的部分则始于"词条"这一语词，显然与国立大学图书馆的旧藏书有关，旧藏书在本书以"旧词条"（Anciens Item）为名。

（3）以"普通语言学的其他文稿：新资料"为名的，是我们无法归入前面两个部分，也不能归入下面部分的内容。

（4）以"普通语言学的备课笔记"为题，这部分归类到国立大学图书馆旧藏书的备课笔记中，旧的备课笔记也在本书中予以介绍。

对这些新资料，我们的编辑原则如下：

—— 题目：当材料上已有索绪尔亲笔书写的题目时，题目就按索绪尔的直接给出；反之，若是编者给定的题目，则加括号。

—— 材料的顺序：本书资料的排列由编者确定；序号（1，2a，等等）均为编者所加。

—— 原稿的建立：所建立的文本尽可能遵照原稿，原稿并不是已完成的书而只是个草稿而已。原稿中的空白用空括号标记。不确定的则放进括号内。强调部分则由编者统一确定：用斜体字（中文用楷体）表示。一般而言，原稿中的大写（中文用黑体）仍保留。"标注"使用的法文或外文统一用斜体符号表示。至于跳行，最大可能地忠实原稿的书写顺序。原稿中划掉的段落不再给出。

—— 注释：很少的几个脚注是编者给出的。

旧资料（恩格勒1968—1974版本与国立大学图书馆的藏书）按照同样的文献学原则编辑。

对恩格勒1968—1974版两卷中的索引，本书的索引号书后给出。（读者可参照此书，作为参照文献。）不同于本书的，则按手稿自然的排列给出。它们的归类顺序——除了"旧词条"和一些"普通语言学备课笔记：新资料"外，用新资料对应的再重组，但是，仍有别于新资料 —— 不过其题目仍是恩格勒版本的[1]。

[作者注：因此文为《普通语言学手稿》的编者前言，注释中所提到的"参考下文"，可见于秀英于2011年在南京大学出版社出版的译注。]

---

[1] 此书的出版发行多亏瑞士国家科研资金的帮助。编者特别感谢安多乃特·韦尔，感谢她自始至终的合作，感谢菲朗索瓦兹·瓦冉-阿特拉尼夫人、雅克·热尼纳斯卡先生和菲朗索瓦·拉斯蒂耶先生以及法国国家科研中心的研究单位7597所给予的帮助。

走出现代语言学理论形成的个体创始模式

南京师范大学　李葆嘉　邱雪玫[1]

摘　要： 本研究基于群体考察模式，通过对德国洪堡特特的人文语言学思想、德国民族心理学和法国社会心理学、德国青年语法学派的心理语言观、美国辉特尼的语言符号约定论、波-俄博杜恩的心理-社会语言学，以及结构主义三大流派各自来源的溯源沿流，全景梳理了"现代语言学理论"的形成过程。走出了罗宾斯等把索绪尔称为"开创者/奠基人"的个体创始模式，而将索绪尔定位为以"整合"为主的语言哲学家或"静态语言学"的倡导者。这也符合索绪尔本人对自己的认定。

关键词： 群体模式；现代语言学；心理-社会语言学；静态语言学

An Investigation of the Formation of Modern Linguistics Theory Based on the Model of Group Involvement

Abstract: This study is an attempt at clearing the formation of modern linguistics based on the group involvement model. With the analysis of humanism in German Humboldt's linguistic thought, German ethnopsychology as well as French sociopsychology, the mental language view in German Neogrammarians, the linguistic sign's conventionalism of American's Whitney, the mind-socio linguistics of Polish-Russian's Courtenay, and the sources of three main branches of structuralism. This study opens up a model different from the model of individual initiation Robins and others insist, which holds that Saussure is the founder of modern linguistics. It positions Saussure as one language philosopher majoring in "systematic integration" and the initiator of the static linguistics. Such assessment is in accordance with his self-evaluation.

Key words: the model of group involvement; modern linguistics; mind-socio linguistics; static linguistic

[1] 作者简介：李葆嘉，南京师范大学文学院教授、博士生导师。邱雪玫，南京师范大学外国语学院博士后、中国矿业大学文学与法政学院副教授。
基金项目：江苏高校哲学社会科学重点研究基地重大项目"现代汉语元语言系列词典"（2010JDXM022）；江苏高校优势学科建设工程资助项目。

引言

20世纪60年代以来，学术界通常将日内瓦学派（Geneva School）的代表人物索绪尔（F. de Saussure，1857—1913）奉为"现代语言学的开创者/奠基人"，然而这并非20世纪上半叶语言学界的看法。在《普通语言学教程》（*Cours de Linguistique Générale*，1916，以下简称《教程》）问世后的三年内，巴黎语言学会约请了叶斯泊森（O. Jesperson）、舒哈特（H. Schuchardt）及梅耶（A. Meillet）等15位学者撰写书评。大多数学者对《教程》中的说法持保留态度，有的甚至否定意见多于肯定。作为索绪尔的学生，梅耶一语道破："（《教程》）太强调语言的系统性，以至于忘却了语言中人的存在"。（戚雨村 1997：52-53）对于索绪尔静态语言学的负面影响，作为梅耶的弟子，马尔丁内（A. Martinet，1962）更为一针见血："科学研究首先的要求，就是不能因为方法上的苛求而牺牲研究对象的完整性"。（冯志伟 1987：135）

索绪尔静态语言学的核心概念或基本观点并非其独创或首倡。早在索绪尔之前若干年，波–俄语言学家博杜恩（J. N. Baudouin de Courtenay，1845—1929）已经提出了这些概念或观点。作为博杜恩的学生，谢尔巴（L. V. Sherba）在《博杜恩·德·库尔内特及其在语言科学中的重要地位》（1929）中回忆：

1923年，当我们在列宁格勒收到索绪尔《教程》原版时，感到惊讶的是，索绪尔与我们所熟悉的原理在许多地方如此相同。（戚雨村 1997：55）

博杜恩的另一学生，波利万诺夫（E. D. Poliyanov）在《论马克思主义语义学》（1931）中指出：

许多人将《教程》视为一种理论创新，但与博杜恩及其学派很早以前就取得的成果相比，就提出并解决普通语言学问题而言，没有任何新东西。（屠友祥 2011：1）

直至20世纪60年代，一些语言学家才对索绪尔学说作出高度评价。1963年，在索绪尔逝世50周年纪念会上，作为梅耶的学生之一，法国语言学家本维尼斯特（E. Benveniste）对索绪尔的贡献这样评价："在研究人类和社会的各种科学里，语言学已经成为一门成熟的科学，成为在理论研究上及其技术发展方面最活跃的学科之一。而这门革新了的语言学肇始于索绪尔，语言学通过索绪尔而认识了自己，并聚成了一支队伍。在与语言学交叉的各种思潮中，在语言学的众多流派中，索绪尔所起的作用不容怀疑。这一颗闪闪发光的种子，由其弟子们接受下来，化为万丈光芒，处处有其存在。"（Benveniste 1966：45）不过，1939年，本维尼斯特曾经提出，符号根本没有索绪尔所设想的那种任意性，确切地说，符号对外部世界来说是任意的，但在语言中它却不可避免受约束。

长期以来，英美语言学界并没有把《教程》译为英文。直到1959年，由巴斯肯（W. Baskin）翻译的英文本《教程》才在纽约出版，次年在伦敦刊行。由此，导致了英国新一代语言学家对索绪尔的推崇备至。罗宾斯（R. H. Robins 1967）

提出："索绪尔对20世纪语言学的影响却是无与伦比的。可以说，是他开创了20世纪的语言学"。（罗宾斯 1987：248）随后，莱昂斯（J. Lyons, 1968：38）也认为："如果有谁称得上现代语言学的奠基人，那么他就是伟大的瑞士学者索绪尔。"（戚雨村 1997：59）其中，罗宾斯《语言学简史》（*A Short History of Linguistics*）作为通行专著，对索绪尔的评价在国际语言学界影响尤大。以《教程》讲义"随写随毁"的习惯，索绪尔生前根本不可能想到：去世后学生会把课堂笔记整理成书刊行；更不可能想到，半个世纪以后会被推上现代语言学"开创者/奠基人"的宝座。

研究学术史，务必忠实于史实；而要忠实于史实，必须充分占有材料。由于仅仅就《教程》讲索绪尔，缺乏对索绪尔本人的深入研究，以及对现代语言学理论形成过程的群体考察或全景审视，罗宾斯、莱昂斯的此类评价难免言过其实。

1. 逐层考察模式和群体考察模式

作为一种学术思潮或流派，"现代语言学"的形成是一个动态的历史活动过程。在"语言学"之上冠名"现代"，是为了与此前或当时盛行的"传统语言学"（文献语言学、历史比较语法）相区别。然而，这种以"现代"冠名的方式，当时人觉得十分自然，而后来者则使用不便。时代冠名无法反映一种理论的本质属性。而能够反映这一学术思潮本质属性的概念，在《教程》出版之前，是博杜恩19世纪70至80年代提出的"心理–社会语言学"；在《教程》出版之后，是雅柯布逊（R. Jakobson）1929年采用的"结构主义"。[1]

长期以来，在现代语言学理论研究中，索绪尔学说的研究一直作为重点。如果只知道《教程》，现代语言学理论的出现仿佛一清二楚；如果还知道其他的，现代语言学理论的形成则显得扑朔迷离。20世纪下半叶以来，一方面，索绪尔手稿和新的课堂笔记的发现，引发了欧洲语言学界的"索绪尔的重新发现"（R. Godel 1957; R. Engler 1967; T. de Mauro 1972）；一方面，《教程》中译本（高名凯译，岑麒祥、叶蜚声校注，1980；本文的《教程》引文，皆据此中译本）的出版，促使中国语言学界对索绪尔学说展开了争论。还有一个更为值得关注的，就是苏俄语言学家对索绪尔学说与博杜恩理论之间关系的研究。（杨衍春 2010）

在《论索绪尔静态语言学的三个直接来源》（李葆嘉 1998）、《心理索绪尔：精神分析的一个尝试》（李葆嘉 2000）中，我曾提出"四个索绪尔"的研究思路：1. **教程索绪尔**：依据《普通语言学教程》所了解的索绪尔；2. **学术索绪尔**：依据静态语言学理论的三个直接来源所探究的索绪尔；3. **手稿索绪尔**：依据新发现的手稿、札记等所新知的索绪尔；4. **心理索绪尔**：依据其学生时代遭遇与中老年心态所揭示的索绪尔。其中的主要内容题为《语言学大师之谜和心理索绪尔》（李葆嘉 2005）收入《索绪尔研究在中国》，该论文集主编赵蓉晖（2005：19-20）评价："李葆嘉先生把索绪尔作为一个活生生的人来看待，力图通过对'心理索绪尔'的精神分析，揭开'索绪尔之谜'……这种独特的分析角度为我们全方位地研究索绪尔提供了有益的启示。"

　　"四个索绪尔"的研究思路，是从长期以来在语言学界产生实际影响的《教程》（1916）本身出发，基于相关文献的比对以探究静态语言学的直接来源，然后再结合后发现的索绪尔手稿、札记等，深入到索绪尔的心理特征（主要揭示索绪尔为何提出静态语言学的驱动力，拨开其学术生涯中的重重迷雾）。这种由表及里、由旧闻到新知的研究思路，可以称之为"逐层考察模式"。通过近几年的进一步思考，我的想法是：现代语言学理论形成过程的研究，不但要以某人做专题，而且要基于"群体考察模式"，个人的学术贡献只有在群体考察或全景审视中才能准确定位。所谓"群体考察模式"，就是把一种学术思潮或理论（除了现代语言学理论，还有历史比较语言学理论、现代语义学理论）的形成过程看作历史群体性的动态探索活动，通过梳理其理论的逐步形成背景和源流衍化线索，以深化对该学术思潮或理论的理解，并揭示个人在其中的学术贡献。而并非仅仅就某人的论著来研究某人的学说，甚至在不了解其他人研究成果的情况下，就轻言某人为"开创人/奠基者"（不仅是"言必称索绪尔"，还有"言必称琼斯"）。无论"逐层考察模式"，还是"群体考察模式"，都是为了走出罗宾斯等人的夸大其辞的"个体创始模式"。

　　基于前贤时修的研究，通过对相关资料的条分缕析，现代语言学理论的形成和衍化大体如下。

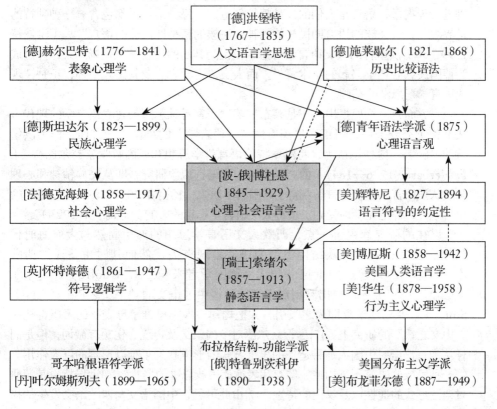

图1　现代语言学理论的形成和衍化

通过对19世纪上半叶到20世纪上半叶欧美语言学及其相关学术背景的全景审视，可以看出，现代语言学思潮发端于洪堡特的人文语言学思想；现代语言学思潮的理论背景主要是表象心理学、民族心理学和社会心理学；现代语言学理论创造的枢纽人物是喀山学派的博杜恩；而日内瓦学派的索绪尔是通过"系统整合"提出静态语言学的。显而易见，像罗宾斯、莱昂斯那样，主要就《教程》的内容，给索绪尔加上一顶现代语言学"开创者/奠基人"的桂冠，不符合学术发展的史实。

2. 德国洪堡特的人文语言学思想

近代西欧人文语言学思想的渊薮在德国。17世纪到19世纪，德国相继出现了三位重要的语言哲学家：莱布尼茨（G.W. Leibniz，1646—1716）、赫尔德（J. G. von Herder，1744—1803）和洪堡特（W. von Humboldt，1767—1835）。莱布尼茨提出，既然语言是"人类理智"的镜子[2]，那么就有可能构建一份"人类思维字母表"。[3]赫尔德对语言哲学的思考是：我们在语言中思维，在语言中构筑科学，一定的语言与一定的思维方式相对应。[4]强调语言和思想密不可分，民族语言与民族思想、民族文学以及民族凝聚力紧密相关。洪堡特（1829）则进一步揭示，语言是人们的一种精神创造，"每一语言里都包含着一种独特的世界观"，"民族的语言即民族的精神，民族的精神即民族的语言"。（洪堡特1999：50）洪堡特的人文语言学思想，不但为其后的语言学家发扬光大，并且成为德国民族心理学兴起的学术背景。而人文语言学思想及其民族精神，正是"现代语言学"思潮的基础。

一方面，博杜恩提出，正是莱布尼茨的语言哲学思想为建立语言学的现代方法准备了充分条件，将莱布尼茨看做"新语言学"的鼻祖；一方面，作为洪堡特的追随者，博杜恩认为，将洪堡特的语言哲学思想和德国哲学家赫尔巴特（J. F. Herbart，1776—1841）的心理学运用于语言现象研究，即从民族精神和心理角度认识语言，才使语言学获得了其固有本质。（杨衍春 2010：81）而索绪尔的语言学说，确定无疑地受到洪堡特人文语言学思想的影响。（姚小平 1993）

以往的研究忽视了一点，西欧人文语言学思想的产生固然与大航海时代以来、众多有别于西欧结构类型的语言发现有关，然而其时也适逢"西欧本土汉学"的兴起。17世纪60年代，德国学者米勒（A. Muelle）、门采尔（C. Mentzel）等，提出利用汉字部首掌握中国语文的"中文之钥"（Clavis Sinica）。莱布尼茨立即为之吸引，并把构建"人类思维字母表"的希望寄托在"中文之钥"的研究上。[5]尽管赫尔德对中国语文及传统文化颇有微词，但是同样认为，汉语对中国人那种造作的思维方式的形成起到了难以形容的巨大作用。哪一种民族的语言不是构造、储存和表达该民族思维的器物？[6]洪堡特更是精研过语法形式的通性以及汉语的特性。[7]由此可见，中国语文与西欧语文发生的撞击，无疑是近代西欧人文语言学思想形成的驱动力之一。（李葆嘉 2008）

3. 德国民族心理学和法国社会学

1859年，德国语言学家斯坦达尔（H. Steinthal）和哲学家拉扎鲁斯（M. Lazarus）创办了《民族心理学和语言学杂志》（1860—1890）。由此提出，历史的主体是大众，大众的"整体精神"通过艺术、宗教、语言、神话与风俗等表现出来，而个体意识仅是整体精神的产物，由此要从心理方面去认识民族精神的本质。同样，要把语言学从逻辑学中解脱出来，从心理学角度来解释语言现象。

作为洪堡特唯一的学生，斯坦达尔（1855.*Grammatik logic und psychuologie ihre principien und ihr verhältniss zu einander*. Berlin: Ferd. Dümmler's Verlagsbuchhandlung）发展了"民族语言就是民族精神"的思想，提出了"语言并不属于个人，而是属于民族"。不但在研究个人言语时应依据个人心理，而且在研究民族语言时更应基于民族心理，以便最终建立语言类型与民族思维、精神文化类型之间的联系。对于个人言语和个人心理之间的联系，斯坦达尔则采用赫尔巴特的表象心理学原理来阐释。

民族心理与社会心理密切联系。德国哲学家孔德（A. Comte，1798—1857）在《实证政治体系》（四卷本，1851—1854）中，首次划分了社会静力学和社会动力学：前者着重研究社会事实和社会秩序；后者则着重研究社会演化和社会进步。（陶虹 2010）

在19世纪90年代的法国社会学论争中，法国社会家塔尔德（G. Tarde，1843—1904）主张社会学的研究对象是个人心理。与之相反，法国社会家德克海姆（E. Durkheim，1858—1917）则强调，语言是一种社会行为。社会学要研究的不是个人心理，而是独立于个人之外的集体心理，如带有强制性的语言、道德、宗教等。（芦文嘉 2011：13）德克海姆的"集体心理"与德国浪漫主义者的"民族精神"近似，后者基于种族共祖的认同，而前者强调生活方式的共同。

尽管《教程》中没有出现德克海姆的名字，但是依据德克海姆社会学理论与索绪尔语言学观点的比对，可以看出，前者构成了后者的哲学基础。[8]一、对言语活动与对社会事实抽象、对语言属性和对心理属性认同的相承性。德克海姆（1895）认为：社会事实是在个人之外，而对个人具有强制力的行动、思维和感觉样式；社会事实是个人表现的集合，社会事实通过个人表现。在与塔尔德的论争中，德克海姆强调的是心理的社会属性。与之相应，索绪尔认为：语言本质上是社会的，言语是个人的行为；语言系统是个人言语行为的集合；静态语言学研究社会集体意识所感到的语言心理逻辑关系。二、对社会规律基本原则认定的相承性。德克海姆认为：一切社会规律必须符合强制性和普遍性这两个基本原则。与之相应，索绪尔认为："任何社会规律都有两个基本特征：它是命令性的，又是一般性的"，中译本校注："索绪尔对于社会规律的两个基本特征是按照法国社会学家涂尔干（即德克海姆）的理论来理解的。"（《教程》132页）三、对社会的静态与动态划分和对语言的静态与动态划分的相承性。德克海姆继承了孔德的思想，把社会学分为静态社会学和动态社会学。与之相应，索绪尔把语言学分为静态语言学与动态语言学。四、对语言学属于社会心理学看法的相承性。德克海姆认为：语言学是社会心理学的一部分。与之相应，索绪尔认为：符号学（语言学是其典型）是社会心理学的一部分。德克海姆认为：社会学与心理学不可分割；索绪尔认为：语言学与心理学不可分割，从而提出语言符号是音响形象与概念的心理结合。（方光焘 1995：496-500；李葆嘉 1998）

4. 德国青年语法学派的心理语言观

青少年时代的索绪尔，感兴趣的是历史比较语言学。不过，正如对现代语言学的形成过程缺乏了解而"言必称索绪尔"一样，对历史比较语言学的形成通常也是"言必称琼斯"。通过"群体考察模式"，可以梳理清楚其形成过程。

历史比较的先声是12世纪冰岛的一位佚名学者，根据词形相似推测冰岛语与英语之间存在亲缘关系。14世纪初，意大利诗人但丁（A. Dante）在《论俗语》（1304—1308）中对罗曼方言的比较研究，已经涉及不同方言是同一源语由于时间推移和人群迁徙造成的设想。历史比较语言学孕育于16世纪的法国：从培利恩（J. Perionii. *Dialogorum de linguæ Gallican origine, ejusque çum Graecâ cognatione, libri quatuor.* Parisiis: Sebastianum Niuelliums）的高卢语–希腊语同源论，到基沙尔德（E.Quichard. *L'Harmonie étymologique des, Langues hébraigue, chaldaïque, syriaque-greque-latine, françoise, italienne, espagnole-allemagne, flamande, anglosie, etc.* Paris: G. Lenoir）的跨欧–亚多种语言比较，再到斯卡利格（J. Scaliger. 1610. *Diatriba de Europæorum Linguis.* Paris: H. Beys）所划分的欧洲语言的11个语群及其远古"母语"同源说。

历史比较语言学成熟于17世纪的荷兰：从荷兰学者伯克斯洪（M.Z.van Boxhorn.1647. *Bediedinge van de tot noch toe onbekende Afgodinne Nehalennia, over de dusent ende ettelicke hondert Jaren onder het Sandt begraven, dan onlancx ontdeckt op het Strandt van VValcheren in Zeelandt.* Leyden：Willem Christiaens van der Boxe）的斯基台语系假说（Scythisch，即印–欧语系假说），到德国学者雅格尔（A. Jäger.1686. *De Lingua Vetustissima Europae, Scytho-Celtica et Gothica.* Wittenberg：Schrodter.）的"子语"分化说，再到荷兰学者凯特（L.H.ten Kate, 1710. *Gemeenschap tussen de Gottische Spraeke en de Nederduytsche vertoont I. By eenen Brief nopende deze Stoffe. II. By eene Lyste der Gottische Woorden，gelykluydig met de onze，getrokken uyt het Gothicum Evangelium. III. By de Voorbeelden der Gottische Declinatien en Conjugatien, nieulyks in haere Classes onderscheyden.Alles gericht tot Ophelderinge van den Ouden Grond van't Belgisch.* Amsterdam：Jan Rieuwertsz. —— 1723. Aenleiding tot de Kennisse van het Verhevene Deel der Nederduitsche Sprake waer in Hare zekerste Grondslag，edelste Kragt，nuttelijkste Onderscheiding，en geregeldste Afleiding overwogen en nagespoort，en tegen het Allervoornaemste der Verouderde en Nog-*

levende Taelverwanten, als't Oude Moeso-Gotthisch, Frank-Duitsch, en Angel-Saxisch, beneffens het Hedendaegsche Hoog-Duitsch en Yslandsch, vergeleken word. Amsterdam: Rudolph en Gerard Wetstein）的历史音变定律。（李葆嘉 2010）

英国学者琼斯（W.Jones）是通过二手文献，如英国的沃顿（W. Wotton.1730. *A Discourse Concerning the Confusion of Languages at Babel.* London：S. Austin & W. Bowyer）、蒙巴多（Lord Monboddo.1774. *Of the Origin and Progress of Language.* London：A.Kincaid & W.Creech）等的论著才了解到这一假说的。毋庸置疑，琼斯的演讲（W. Jones.1786. *The Third Anniversary Discourse.* On the Hindus, Royal Asiatic Society, delivered 2d of February；——1792. *Discourse the ninth: Origins and families of nations.* Delivered 23d February，Asiatick Researches，III（XVI）：479-492）推动了印–欧语言历史比较的潮流，促使历史比较语言学在19世纪达到鼎盛。由此涌现出一批杰出的历史比较语言学家，如德国的施勒格尔（F. Schlegel, 1772—1829）、葆朴（F. Bopp, 1791—1867）、格里木（J. Grimn, 1785—1863）、施莱歇尔（A. Schleicher, 1821—1868），以及丹麦的拉斯克（R. K. Rask, 1787—1832）。不过，他们都不是严格意义上的历史比较语言学"奠基人"。要说"奠基人"，更为准确的术语是"枢纽人物"，只能是第一个提出印欧语系的荷兰学者伯克斯洪。

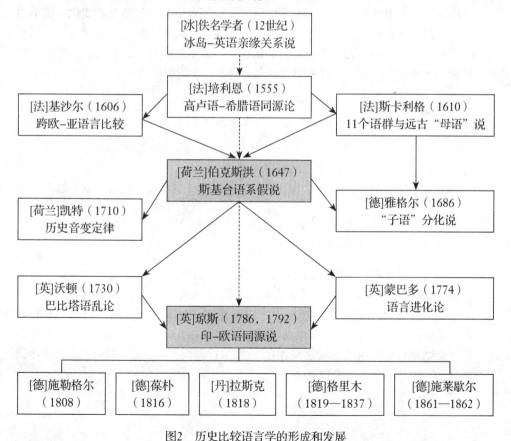

图2　历史比较语言学的形成和发展

19世纪70年代，德国莱比锡大学的布鲁格曼（K. Brugmann）、奥斯特霍夫（H. Osthoff）等不满意传统历史比较方法，举起了"青年语法学派"（Junggramatiker/ Neogrammarians）的革新旗帜。他们认为，人类语言的变化因素不外乎心理、生理两种途径。青年语法学派的哲学基础就是当时的心理学思潮，特别是赫尔巴特基于个人心理联想的表象心理学。

作为斯坦达尔的学生，青年语法学派理论家保罗（H. Paul, 1846—1921）在《语言史原理》（*Prinzipien der Sprachgeschichte*. Halle, 1880）中多次提到斯坦达尔的民族心理学，阐述了从心理角度分析语言的方法。当然，保罗对其师的民族心理学不甚满意，但从斯坦达尔那里了解到赫尔巴特的表象心理学。赫尔巴特将观念的联结方式分为两种：一是属于同一感官的观念联结；一是属于不同感官的观念联结，《语言史原理》第五章中对类推规则作了与之类似的区分。总之，保罗强调："心理要素是包括语言在内的一切文化活动的最重要因素，所以心理学是一种包括语言学在内的更高层次的文化科学所依赖的首要基础"。（姚小平 1993）毫无疑问，保罗的心理语言观也是索绪尔社会心理语言观的来源之一。

此外，保罗把语言学的普通原理学科分为历史语法和描写语法，而索绪尔把普通语言学分为静态语言学和演化语言学，其中也有保罗的影响。然而，保罗主张优先考虑历史研究，认为只有历史研究才能把握语言的生命及其变化，揭示语言活动的因果关系。反之，如果仅仅停留在描写"状态"[9]上，那就称不上科学的语言研究。作为"青年语法学派的叛逆"，索绪尔则反其道而行之，标举静态研究应优先于历时研究，甚至把二者完全割裂。索绪尔认为：

> 语言学家要研究的是语言状态，他不需要理会导致目前语言状态的历史事实，他应该把历时研究置于不顾……历史的干预只能歪曲他的判断。（T. de Mauro, 1972: 117；许国璋 1991: 151）

又进一步呐喊：

> 我们必须做出反应，抵制老学派的邪道，而这种反应的恰当的口号是：观察在今天的语言状态和日常的语言活动中所发生的情况。（R. Godel, 1957: 252；许国璋 1991: 105）

索绪尔对青年语法学派的态度，一方面加以肯定："人们已不再把语言看做一种自我发展的有机体，而是语言集团集体精神的产物"；一方面颇有微词："然而，这一学派的贡献虽然很大，却不能说它对于全部问题都已阐述得很清楚。直到今天，普通语言学的基本问题还有待解决。"（《教程》25页）总之，尽管索绪尔与青年语法学派之间存在"剽窃/首创权"的纠结，[10]但是"青年语法学派"的影子却始终难以拂去。

5. 美国辉特尼的语言符号约定论

作为美国语言学研究的先驱，辉特尼（W. D. Whitney，1827—1894）在1850—1853年到柏林大学从葆朴、在莱比锡大学从罗特（R.von Roth）学习梵文与历史比较语法。在《语言的生命和生长》（*The Life and Growth of Language: An Outline of Linguistic Science* 1875.）中，他强调语言的社会因素，反对施莱歇尔（A. Schleicher）的自然主义语言观。辉特尼与青年语法学派的思路比较相近，并且对青年语法学派有所影响，但不同之处是，辉特尼坚持符号的约定性以认定语言是一种社会制度。"我们把语言看成一种制度，正是许多这样类似的制度构成了一个社团的文化"；"动物的交流手段是本能的，而人的交际手段是完全约定的、惯例性的。"（刘润清 1995：80-81）在此基础上，辉特尼提出了语言符号的"约定性–任意性""不变性–可变性"等。

起初，索绪尔试图用辉特尼的"约定论"来解释语言符号，即认为只有约定才能把特定声音与特定意义结合成统一体。"在主要论点上，我们觉得这位美国语言学家是对的：语言是一种约定的东西，人们同意使用什么符号，与这一符号的特性无关紧要。"（《教程》31页）但是，索绪尔后来认为，无论是声音还是意义，在结合成符号之前都是捉摸不定的。"为了使人感到语言是一种纯粹的制度，辉特尼曾很正确地强调符号具有任意性，从而把语言学置于它的真正轴线上。但是他没有贯彻到底，没有看到这种任意性才可以把语言同其他一切制度从根本上分开。"（《教程》113页）因此，索绪尔最终选取"任意性"作为语言符号的基本原则。索绪尔断言："符号的任意性原则没有人反对，但是发现真理往往比为这真理派定一个适当的地位来得容易。"（《教程》103页）言下之意，尽管辉特尼发现了符号的任意性，但是给任意性"派定"适当地位的艰难任务却是"我"来完成的。索绪尔的自鸣得意溢于言表。实际上，任意性原则是把辉特尼的"约定性–任意性"的绝对化或偏执化。不过，如果要建构静态语言学理论，首先就必须否决语言符号的可论证性，因为可论证性必然把人们引向语言符号的实体或历史演化研究。

索绪尔与年长30岁的辉特尼有着学术交往，还在德国见过一面。辉特尼逝世后，美国语文学学会曾经邀请索绪尔参加纪念辉特尼的会议（1894年12月）。索绪尔没有出席，但是草拟过一篇纪念文稿。1971年，雅柯布逊（R. Jakobson）在《国际语言学界对辉特尼语言科学原理的反响》（M. Siliverstwin主编《辉特尼论语言》）一文中，专门讨论了索绪尔的语言符号学说与辉特尼语言科学原理之间的关系。

6. 波–俄博杜恩的心理社会语言学

作为喀山学派的创立者，博杜恩很早就提出了有关"现代语言学（注意——

不限于静态语言学）"的一系列核心概念和理论，这些思想受到20世纪中叶兴起的心理语言学、社会语言学、对比语言学和应用语言学的重视。虽然博杜恩是施莱歇尔的学生，但是不赞同把语言归结为自然科学。与保罗的心理语言观来源相似，博杜恩也以赫尔巴特表象心理学为基础，不同的是同时又吸收了民族心理学的观点。

1870年，博杜恩以《波兰语变格中类推作用的几种情况》获莱比锡大学博士学位。该论文第一次明确强调了心理类推机制对语言变化的影响，而语音变化中的类推作用正是青年语法学派的两大原则之一（另一原则是语音演变规律无例外）。有人把博杜恩称为青年语法学派的创始人之一，博杜恩这样认为："如果在一系列问题上他（自指——李注）的观点与青年语法学派观点吻合，那么这只能归功于他们语言观形成的共同基础，即斯坦达尔著作的影响。"（杨衍春 2010：98）青年语法学派通过斯坦达尔了解到赫尔巴特，最终以赫尔巴特的表象心理学为基础，而博杜恩则接受了两者的影响。博杜恩认为：人类语言的本质完全是心理的，语言的存在和发展受纯粹心理规则的制约。人类言语或语言中的任何现象，同时又是心理现象。博杜恩的语言学理论始终贯穿着一条线索：通过心理机制分析，对语言规则、语言功能和语言演变作出解释，明确主张把心理学和社会学糅合在一起作为语言学的基础，并提出语言学属于"心理–社会科学"。[11]

早在1870年（索绪尔13岁），在《教程》出版（1916）前近半个世纪，博杜恩已经提出了"语言"和"言语"的区分或"三分论"。就《第三次普通语言学教程》（1910—1911），一些评价者认为，索绪尔这次讲授的"语言理论趋于成熟，因而愈显珍贵"。在讲授总纲即"一般观念的划分"这一节，索绪尔开宗明义，列出三个核心概念：

1. les langues 种种具体的整体语言 / 个别语言 ≈ 表现为个人言语的具体的民族语言

2. la langue 抽象的整体语言 / 语言 ≈ 抽象的民族语言

3. les individus 个体身上具有的群体语言（le langage）能力及其运用 / 个人的言语机制及其运用 ≈ 个人语言意识中反映的中间语

斜杠前是屠友祥（2002：6）的译文，斜杠后是张绍杰（2001：7）的译文，约等号之后列出的是博杜恩的三分论。这一讲授总纲，显然照搬了博杜恩的观点。一些"索绪尔的重新发现者"因为不了解博杜恩的成就，对索绪尔的某些评价也就难免失之。显然，如果就《教程》评价《教程》，而对博杜恩的学术思想一无所知，也就不可能了解现代语言学核心概念及理论的形成过程，对索绪尔在语言学史上的地位的评价势必流于无根之谈。

1876年（索绪尔在当年10月进入莱比锡大学），博杜恩提出了语言的"动态–静态"之分（1897年，索绪尔的札记中才出现了历时态、共时态和特殊共时态这些术语）。语言现象之间的联系，不仅存在于历时发展之中，而且存在于共时状态之中。"语言中没有静止不变的东西"，静态从属与动态，二者不可能截然分开。博杜恩的这种"静态寓于动态"的关联观，显然比"《教程》索绪尔"的割裂观切合事实，更有利于促进语言学的研究。

1876—1877年，博杜恩提出了"语言是一种符号系统"。1883年（1881年起，索绪尔在巴黎高等学院任教），博杜恩的波兰籍学生克鲁舍夫斯基（Н. В. Крущевский，1851—1887）在博士论文《语言学概要》中，不但阐述了"词是事物的符号"、"语言是一种符号系统"，而且主张这个系统既可以"在同时共存（静态）中"分析，又可以"在连贯状态（动态）中"分析。同时，还提出了语言符号的"类比联想规则"和"邻接联想规则"，比索绪尔（1907年第一次讲授普通语言学）首次讨论"联想关系"（聚合）和"句段关系"（组合）要早20多年。雅柯布逊（1998：260）的评价是："克鲁舍夫斯基的观点比索绪尔更系统、更合逻辑学，更具有表现力。"（杨衍春 2010：116）

1881—1882年，博杜恩与索绪尔（曾任巴黎语言学会秘书）在巴黎语言学会的会议上见过几次，索绪尔听过博杜恩的学术报告。博杜恩不仅把他和克鲁舍夫斯基的论文提交给学会，还把他们的论著寄给索绪尔（在日内瓦大学图书馆收藏着若干部博杜恩和克鲁舍夫斯基的论著，其中一些就是作者寄给索绪尔本人的），而且相互之间有过多次书信往来。1891年，索绪尔在日内瓦大学的开课演讲中，提到博杜恩和克鲁舍夫斯基才是"真正的语言学家"。在索绪尔札记（1908）中有这样的评价："博杜恩和克鲁舍夫斯基比其他任何人更逼近于从理论上理解语言的意义，他们没有溢出纯粹语言学的范围"。（R. Godel，1957：51；转引自戚雨村 1997：23）尽管《教程》的某些段落，几乎一字不差地重复了博杜恩的表述，（屠友祥 2011：3）然而《教程》中却始终没有出现他的名字。换言之，索绪尔在讲授普通语言学这门课程时，对博杜恩只字未提（有隐匿之嫌）。与《教程》中多次出现辉特尼的名字，并且明引其论述形成明显对比。

后来看到的资料，进一步证明了索绪尔静态语言学的核心概念并非其独创或首倡。1960年，苏俄语言学家列昂季耶夫（А. А. Леонтьев）指出，博杜恩的观点在一定范围内超过了索绪尔的《教程》。（杨衍春 2010：168）同年，雅柯布逊撰文讨论了索绪尔承袭了博杜恩的理论，毫不客气地指出："索绪尔在认真研究和领会了博杜恩和克鲁舍夫斯基的理论之后，在日内瓦的讲义中使用了这些观点。在其作为理论基础的二分说中，索绪尔承袭了博杜恩的静态和动态二分的观点。"（杨衍春 2010：123）

博杜恩不但创建了喀山语言学派（培养了Н. В. 克鲁舍夫斯基、В. А. 博戈罗季茨基、А. К. 布里奇、И. А. 阿列克桑德罗夫、В. В. 拉德罗夫等一批语言学家），而且也是彼得堡语言学派（培养了Л. В. 谢尔巴、В. О. 波利万诺夫、Л. П. 雅库宾斯基、С. И. 伯恩斯坦、Г. А. 拉林等一批语言学家）、波兰语言学派（培养了В. 多罗舍夫斯基、乌拉申、绍比尔等一批语言学家）的奠基者。此外，博杜恩的学说还是布拉格学派（俄罗斯学者N. S. 特鲁别茨科伊、R. 雅柯布逊等）的主要理论来源。1922到1923年，博杜恩先后应邀到布拉格大学和哥本哈根大学讲学。

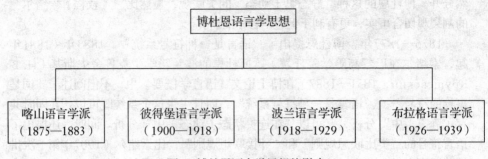

图3 博杜恩语言学思想的影响

学术史就是学术史。任何人也无法否认——在索绪尔提出静态语言学理论（1907—1911）之前，博杜恩早已区分了语言和言语（1870）、区分了语言的静态和动态（1876）、提出了语言是一个符号系统（1876—1977）；克鲁舍夫斯基（1883）提出了语言符号的类比联想规则和邻接联想规则。（详见戚雨村1997：27-29）平心而论，如果要说谁是"现代语言学"（其内涵大于索绪尔的静态语言学）的"奠基者"，更为准确的说法是"枢纽人物"，博杜恩才当之无愧。

索绪尔建构静态语言学的技术路线是四层二项对立和逐层排除其一（语言的语言学PK言语的语言学；内部语言学PK外部语言学；静态语言学PK动态语言学；语言形式PK语言实体）。

这些二项对立都前有所因，除了上面提及的博杜恩的划分，把语言学分为内部和外部，最初见于施莱歇尔的论述；[12]作为他的学生，博杜恩（1870）也有"语言的外部历史和内部历史"的论述。（杨衍春2010：64）"语言内部形式"这一概念是洪堡特提出并加以阐述的。只是，这些学者并没有采取"排除其一"的方式，而索绪尔则标新立异。语言的语言学基于语言符号的心理性；内部语言学基于语言符号的系统性；静态语言学基于语言符号的状态性；语言形式基于语言符号的组合-聚合性。由此可见，索绪尔的"现代语言学"应当定义为：以语言符号形式为对象的、内部的静态语言学。饶有趣味的是，一些学者却忽视了"《教程》索绪尔"中的这一核心概念。《教程》中译本（高名凯1980、裴文2001）所附的"索引"中，都没有"静态"、"静态语言学"这一术语。

对于索绪尔的学术定位，李葆嘉（2008：236）曾经提出：

索绪尔（1909）曾对他的学生说："语言是一个严密的系统，而语言理论也应是一个与语言一样严密的系统。难就难在这里，因为对语言提出这样或那样的见解并不稀奇，关键在于把各种观点整合成一个系统。"（R. Godel，1957：29-30；转引自胡明扬1999：79）

正是在德克海姆的社会学理论、博杜恩的语言学理论和辉特尼的语言符号学说的基础之上，索绪尔基于各种观点的整合而建构了静态语言学。

显而易见，"汲取+派定+排除"式的"整合"是索绪尔建构静态语言学的脚手架。具体而言，汲取德克海姆的社会学理论，汲取博杜恩心理–社会语言学的核心概念，把辉特尼的语言符号任意性"派定"为语言符号的唯一原则，进一步"排除"语言的外部的、动态的研究，把内部的、静态的研究切割出来，这就"整合"成了"《教程》索绪尔"中的"静态语言学"体系。

人们通常认为，研究某一时期或阶段的语言现象就是"共时语言学"，其实这种"断代研究"并非索绪尔的"共时/静态语言学"。索绪尔所要求的是研究"目前语言状态"，而且必须研究这一语言状态的形式，而并非描写其实体或功能。不过，不仅索绪尔本人并没有进行过某一语言的静态系统研究，而且听过他普通语言学课程的学生，似乎也没人做过此类研究。整理《教程》出版的法国语言学家巴利（C. Bally），其研究领域是法语词汇学和风格学，试图建立的却是与"语言的语言学"相反的"言语的语言学"。由此可见，所谓"静态语言学"只是一个理论框架。

7. 结构主义三大流派的各自来源

在描述现代语言学时，通常先讲"《教程》索绪尔"，接下来介绍"三大流派"。给人的印象，仿佛是"《教程》索绪尔"的静态语言学思想发展为结构主义的三大流派。其实，三大流派各自理论的形成与《教程》都没有直接承袭关系。

作为布拉格学派的创始人，马泰休斯（V. Mathesius）在《论语言现象的潜能》（1911）的报告中，已经包括了功能–结构主义的一些基本观点。（戚雨村1997：72-73）当然，马泰休斯对索绪尔（共时角度、语言系统）和博杜恩（功能说）都有推崇之辞。在海牙召开的第一次国际语音学会议（1928）上，布拉格学派发表声明，不同意日内瓦学派关于共时与历时截然区分的观点，同时主张语言是由互相联系的单位所组成的"功能–结构"系统，语言规则只有在交际中发生作用时才有意义，语言形式和意义不可分割。由此布拉格学派又称之为"功能–结构学派"。

作为布拉格学派的中坚，俄裔学者特鲁别茨科伊和雅柯布逊多受博杜恩学说的影响。特鲁别茨柯依认为，正是博杜恩（1881）第一个区分了音素和语音表象，最早使用了现代意义上的"音位"这一术语（杨衍春2010：9）1932年，特鲁别茨科伊在给雅柯布逊的信中说到：

为了获得灵感，我重读了索绪尔，但这第二次阅读没有给我留下什么深刻印象。书中有价值之处相当少，大多是旧垃圾。而有价值之处则太抽象，没有细节阐释。（屠友祥2011：1；Trubetskoy, N.S. 2001. *Studies in General Linguistics and Language Structure*, Ed.by A.Liberman. Transl by M.Taylor and A. Liberman. Durham and London: Duke University Press）

法国功能学派代表人物马尔丁内的学术观点与布拉格学派十分接近，同样认为功能在语言活动机制中具有关键作用，结构只是功能的一种表现。在《语言功能观》（1962. *A Functional View of Language*. Oxford：Clarendon Press）和《功能句法研究》（1975. *Studies in Functional Syntax*. E. Coseriu ed. München：Wilhelm Fink Verlag）中，马尔丁内彻底修正了《教程》中的"二项对立、仅取其一"的偏执倾向，由此提出：1. 语言学研究的对象是言语活动；2. 语言研究要注重形式，同时也要兼顾实体；在难以找到形式的情况下，也可依靠实体来识别功能；3. 语言研究要历时与共时并重，语言的共时与历时分不开。与《教程》结尾的那句名言相反，马尔丁内的口号是"就人类言语活动，为人类言语活动而研究言语活动"。（冯志伟 1987：132）

作为哥本哈根学派或语符学派的代表人物之一，叶尔姆斯列夫（L. Hjelmslev）说过：

> 很难说，索绪尔的观点是如何在思想中具体形成的，而我个人的理论和方法，许多年以前在我接触索绪尔的观点之前就已经形成了。（冯志伟 1987：73）

换而言之，哥本哈根学派的理论有着自己的形成过程，主要受怀特海德（A. N. Whitehead）和罗素（B. Russell）符号逻辑学的影响。

美国描写主义的代表人物布龙菲尔德（L. Bloomfield），在对萨丕尔（E. Sapir）《语言论》（1921）的评论中，虽然曾经提及索绪尔给"语言研究的新方向提供了理论基础"（L. Bloomfield 1924），但在自己的《语言论》（1933）中则一笔带过。1924年成立美国语言学会时，其中的语言学家大致可分为青年语法学派和人类语言学两派。前者继承了辉特尼的传统，而后者接受的是博厄斯（F. Boas）的学说。描写主义有着美国人类语言学的成长背景和分析原则，所信奉的实际上是"分布主义"。从理论和方法上，描写主义将结构具体化为层次，通过替换法、直接成分切分法等来描写语言单位的分布和结构。而英译本《教程》（W. Baskin译）直到1959年才在纽约出版。

应当看到，尽管结构主义三大流派各有其理论背景以及特色，但是"《教程》索绪尔"仍然为这些学派提供了一种可供参考的前期坐标。同时，也应看到，作为一本内容庞杂（语言学史、文字学、语音学、符号学、静态语言学、演化语言学、地理语言学、史前语言研究、语言类型学等）和理论抽象（社会心理学、价值系统、关系或形式等）的讲义汇编，《教程》中的静态语言学理论缺乏操作程序。20世纪上半叶的语言学研究史表明，"结构主义"是借助布拉格功能-结构学派和美国描写主义的成长而名声大振的，音位功能-结构分析法和句法分布-层次分析法才使"结构主义"的理念落实为可操作程序。然而，从一定程度上，也就冲破了"《教程》索绪尔"的静态语言学羁绊。

结语

　　在学术史研究中，对某一学者的学术评价，要避免有意无意地掩盖其他学者的贡献。在资料不足的情况下，尤其要慎用"开创者/奠基人"之类的溢美之词。与罗宾斯等依据"个体创始模式"对索绪尔的评价不同，"群体考察模式"对索绪尔的定位是以"系统整合"为主的"语言哲学家"或"静态语言学"的倡导者。不可否认，索绪尔具有超乎同时代语言学家的哲学思辨能力和系统整合能力，因此，方能自恃才高地坦言"对语言提出这样或那样的见解并不稀奇，关键在于把各种观点整合成一个系统"——这也是索绪尔对自己的定位。

　　"逐层考察模式"与"群体考察模式"，无疑是学术史研究的两种相反相成的模式。套用"《教程》索绪尔"中的术语，前者相当于"静态语言学"，而后者相当于"动态语言学"。显而易见，群体考察模式可以帮助我们揭开语言学史上的若干不惑之谜。依据本文的"图1　现代语言学理论的形成和衍化"和"图2　历史比较语言学的形成和发展"，以及"现代语义学的形成和衍化"图（见于笔者《结构主义语义学之谜》，待刊），可以全面改写17世纪到20世纪上半叶的欧美语言学史。

注释

[1] 雅柯布逊在《浪漫的泛斯拉夫主义》（1929）中指出："如果要囊括当前各种科学的主导思想，再没有比结构主义更贴切的术语了"（转引自钱军1998：134）。

[2] 见莱布尼茨《人类理智新论》（陈修斋译），373页，北京：商务印书馆，1966年。

[3] 1666年，莱布尼茨在《论组合术》（*De Art Combinatoria*）中设想，用少数符号代表原始概念构成"人类思维字母表"。参见彭华《论莱布尼茨的通用字符及他对中国文字的理解》，《船山学刊》2005年第3期，122-124页。

[4] E.Heintel（Hrsg.）. *Johann Gottfried Herder. Sprachphilosophische Schriften*，p.91-102，Hamburg: Verlag von Felix Meiner. 参见姚小平《17—19世纪的德国语言学和中国语言学》，23页，外语教学与研究出版社，2001年。

[5] A.Müelle. 1674: *Propositio super Clave sua Sinica*; C.Mentzel. 1697：*Clave sua Sinica*（《中文之钥》）。参见安文铸等编译《莱布尼茨和中国》，126-127页，福建人民出版社，1993年。

[6] 夏瑞春《德国思想家论中国》（陈爱政等译），89页，江苏人民出版社，1997年。

[7] W. von Humboldt. 1826: *Ueber den grammatischen Bau der chinesischen Sprache*.收于M.Böhler编《威廉·冯·洪堡特语言文集》，Stuttgart: Philipp Reclam Jun.，1973. W. von Humboldt.1827: *Lettre a Monsieur Abel-Rémusat, sur la nature des formes grammaticales en général, et sur le génie de la langue Chinoise en particulier.* 收于A.Leitzmann编《威廉·冯·洪堡特全集》（IV），Berlin: B.Behr's Verlag，1906.

[8] 方光焘（1997）提到：波兰多罗雪夫斯基曾在1933年的法国心理学杂志发表《论社会学与语言学的关系：涂尔干与索绪尔》，证明索绪尔对德克海姆与塔尔德之间的社会学论争很感兴趣，在形成自己的语言理论中有所反映。"涂尔干"是德克海姆的另一中文译名。

[9] 此"状态"相当于静态。索绪尔（1980：119）："演化和演化语言学这两个术语比较贴切，我们以后要常常使用；与它相对的可以叫做语言状态的科学或者静态语言学"。

[10] 索绪尔进入莱比锡大学时，适逢青年语法学派的代表人物布鲁格曼（1976）发现了希腊语的某些α由N演变而来。索绪尔却认为：这一发现并没有特别价值，也算不上是新发现。因为早在三年前，他已经发现了这一现象。在《论印欧语的原始元音系统》（1878）发表后，奥斯托霍夫教授等指责索绪尔抄袭了他人成果。由此在索绪尔心灵深处形成了"剽窃/首创权情结"以及"憎恶青年语法学派情结"。详见李葆嘉（1999）。

[11] 博杜恩的语言学研究成就，详见康德拉绍夫《语言学说史》，武汉大学出版社，1985年；戚雨村《博杜恩·德·库尔特内和喀山语言学派》，载《现代语言学的特点和发展趋势》，外语教学和研究出版社，1991年；杨衍春《博杜恩·德·库尔德内语言学理论研究》，复旦大学出版社，2010年。

[12] 施莱歇尔认为，语言学只研究语言本身，不涉及在一定历史条件下的语言运用的问题；而语文学则在研究古代文献时，把与语言功能以及说这些语言的人的历史生活有关的问题也包括在内。见康德拉绍夫（1985：73）。

参考文献

[1] 戴瑞亮，2005，索绪尔语言理论溯源[J]，石油大学学报（6）.

[2] 迪尔凯姆（德克海姆），1995[1895]，社会学方法的准则[M]，狄玉明译. 北京：商务印书馆.

[3] 方光焘，1997，涂尔干的社会学与索绪尔的语言学理论[A]，载方光焘语言学论文集，北京：商务印书馆.

[4] 裴特生，1958[1924]，十九世纪欧洲语言学史[M]，钱晋华译. 北京：科学出版社.

[5] 冯志伟，1987，现代语言学流派[M]，西安：陕西人民出版社.

[6] 洪堡特，1999[1829]，论人类语言结构的差异及其对人类精神发展的影响[M]，姚小平译. 北京：商务印书馆.

[7] 胡明扬，1999，西方语言学名著选读：第二版[C]，北京：中国人民大学出版社.

[8] 康德拉绍夫，1985[1979]，语言学说史[M]，杨余森译. 武汉：武汉大学出版社.

[9] 李葆嘉，1998，论索绪尔静态语言学的三个直接来源[R]，方光焘百年诞辰纪念暨学术研讨会（南京大学中文系主办）论文，1998年12月.

[10] 李葆嘉，2000，心理索绪尔：精神分析的一个尝试[A]，载李葆嘉，引玉集：语言学和文献学研究论集. 南京：南京师范大学文学院印行.

[11] 李葆嘉，2001，理论语言学：人文与科学的双重精神[M]，南京：江苏古籍出版社.

[12] 李葆嘉，2005，语言学大师之谜和心理索绪尔[A]，载赵蓉晖，索绪尔研究在中国. 北京：商务印书馆.

[13] 李葆嘉，2008，中国转型语法学：基于欧美模板与汉语类型的沉思[M]，南京：南京师范大学出版社.

[14] 李葆嘉，2010，亲缘比较语言学：超级语系建构中的华夏汉语位置[A]，载研究之乐：庆祝王士元先生七十五寿辰学术论文集，上海：上海教育出版社.

[15] 李葆嘉，2013，试论静态语言学的神秘主义与齐啬定律[J]，山东外语教学（1）.

[16] 刘润清，1995，西方语言学流派[M]，北京：外语教学与研究出版社.

[17] 芦文嘉，2011，加布里埃尔·塔尔德的传播思想探析[D]，兰州大学传播学专业硕士论文.

[18] 罗宾斯，1987[1967]，语言学简史[M]，上海外国语学院外国语言文学研究所译. 合肥：安徽教育出版社.

[19] 戚雨村，1997，现代语言学的特点和发展趋势[M]，上海：上海外语教育出版社.

[20] 索绪尔，1980[1916]，普通语言学教程[M]，高名凯译. 北京：商务印书馆.

[21] 索绪尔，2001[1916]，普通语言学教程[M]，裴文译. 南京：江苏教育出版社.

[22] 索绪尔，1910-1911，索绪尔第三度普通语言学教程[M]，张绍杰译注. 长沙：湖南教育出版社.

[23] 索绪尔，1910-1911，索绪尔第三次普通语言学教程[M]，屠友祥译. 上海：上海人民出版社.

[24] 汤姆逊，1960[1902]，十九世纪末以前的语言学史[M]，黄振华译. 北京：科学出版社.

[25] 陶虹，2010，孔德与社会学的创立[J]，广西青年干部学院学报（5）.

[26] 屠友祥，2011，索绪尔手稿检索[M]，上海：上海人民出版社.

[27] 徐志民，1990，欧美语言学简史[M]，上海：学林出版社.

[28] 许国璋，1991，许国璋论语言[M]，北京：外语教学与研究出版社.

[29] 杨衍春，2010，博杜恩·德·库尔德内语言学理论研究[M]，上海：复旦大学出版社.

[30] 姚小平，1993，索绪尔语言理论的德国根源[J]，外语教学与研究（3）.

[31] 左广明，2009，索绪尔语言哲学思想源流考[J]，长春师范学院学报（6）.

[32] Benveniste, E. 1966. *Problèmes de Lingistique Générale*（Ⅰ）[M]. Paris：Gallimard.

[33] Bloomfield, L. 1924. Review C.L.G[J]. *Modern Language Journal*（8）：317-319.

[34] Engler, R. 1967. *Cours de Linguistique Générale, Édition Critique par Rudolf Engler*[M]. Wiesbaden：Otto Harrassowitz.

[35] Godel, R. 1957. *Les Sources Manuscrites du Cours de Linguistique Générale de F. de Saussure*[M]. Genève：Librairie Droz.

[36] Lyons, J. 1968. *Introduction of Theoretical Linguistics*[M]. Cambridge: Cambridge University Press.

[37] Mauro, T.de. 1972.*Cours de Linguistique Générale. Édition Critique Préparée, Notes Biographiques et Critiques sur F. de Saussure*[M]. Paris: Payot.

[38] van Driem, G. 2005. Sino-Austronesian VS. Sino-Caucasian, S Sino-Bodic VS. Sino-Tibetan, and Tibeto-Bur-man as Default Theory[A]. In Prasada, Yogendra, Bhattarai, Govinda, Lohani, RamRaj, Prasain, Balaram & Parajuli Krihna, *Contemporary Issues in Nepalese Linguistics.*

[39] Whitney, W.D.1971.*Whitney on Language: Selected Writings of William Dwight Whitney* [M]. ed.by M. Silverstwin. Introductory Essay by R. Jakobson. Cambridge, MA.: The MIT Press.

从指称到表义：论索绪尔语言哲学的本质特征[1]

广东外语外贸大学　霍永寿

摘　要：本文通过对《普通语言学教程》和《普通语言学手稿》的文本解读试图论证：索绪尔在思考普通语言学基本问题的同时，也创立了独具特色的语言哲学理论。这种理论的特点是：1）对传统及当时正在兴起的分析性语言哲学及其理论假定进行了批判与拒斥；2）在放弃语言与世界同构和符合（以及语词意义指称观）的传统语哲观的同时，以语言系统为基点，以"系统""任意性""义值""差异"等概念为核心，采用"负"的思考方法和研究进路，建构了以表义为基本维度的语言符号意义理论。就其意义本体的理论设定而言，和传统及分析性语言哲学相比，索氏语言哲学乃是另外一种范式的语言哲学。

关键词：指称；表义；索绪尔语言哲学

From Referring to Signifying: The Nature of Saussure's Philosophy of Language

Based on *Course in General Linguistics* and *Writings* in *General Linguistics*, this paper attempts to demonstrate that while establishing his own framework of general linguistics, Saussure introduced and propounded a new paradigm of philosophy of language. This new paradigm, for Saussure, is characterized first by criticizing and rejecting the basic assumptions of the traditional and the then emerging analytic philosophy of language. While rejecting the language-world and language-thought isomorphism and the referential view of word meaning assumed by the traditional and analytic philosophy of language, Saussure, on the basis of "system" as the logical starting point, and such core concepts as "arbitrariness", "value" and "difference", and using "negativity" as his approach, established a signification-based meaning theory of linguistic signs.

Key words: reference; signification; Saussure's philosophy of language

---

[1] 本文根据作者"第二届中西语言哲学高层论坛"（浙江工业大学之江学院，2013年4月19日—22日，杭州）大会发言稿修改而成，文章的写作得到王寅教授、李洪儒教授、黄会键教授的鼓励，部分内容曾与与会代表进行过讨论，在此一并致谢。

1. 问题的缘起

近年索绪尔学说研究的一个重大事件是索绪尔教学笔记《普通语言学手稿》（以下简称《手稿》）于1996年在瑞士日内瓦索绪尔私邸的发现以及该书各种版本的编辑和相继出版（法文版，2002；英文版，2006；中文版，2011）。《手稿》的问世不但为索绪尔学说的研究注入了新的内容，也为索绪尔思想的研究增加了新的视角。由此引发的一个后果是对索绪尔语言哲学思想的再次关注，标志是以索绪尔语言哲学为标题的论著相继出现（如Tantiwatana 2010；Gasparov 2013；王寅 2013；钱冠连 2013等）。其结果是，对索绪尔语言哲学思想的研究正在从索绪尔学说研究的后台走向前台。

这当然是令人可喜的。但细读文献后，我们发现，目前索绪尔语言哲学研究中存在着一个不容忽视的概念性问题：对"语言哲学"和"索绪尔语言哲学"概念的界定和区分不够明确。对索绪尔研究而言，问题首先表现为：只要涉及索氏从哲学角度对语言问题的思考，就归为索绪尔语言哲学研究这个范畴。这样一来，对索绪尔"差异"概念及其哲学含义的考察（如Tantiwatana 2010），或对索绪尔"抽象"和"还原"（reduction）等科学方法的研究（如Gasparov 2013），均归入索绪尔语言哲学研究的范畴（更多例子可见赵蓉晖2005收入的部分论文）。而与此同时，许多对索绪尔语言哲学的研究论题（如信德麟 2005：118；张绍杰、王克非 2005：149；余开亮 2005：363、365）又未归入索绪尔语言哲学的研究范畴，从而未得到进一步的、更为系统的关注和研究。

可见，目前研究者对索绪尔有语言哲学虽有普遍共识，但对索氏语言哲学的本质特征仍未取得一致看法，甚至对其本体亦未作基础性追问。而在一个新领域的研究开始之初，这样的追问和思考于该领域后续研究的健康发展，又是必需的。

有鉴于此，本文通过对《普通语言学教程》(Saussure 2011[1959]，以下简称《教程》)和《手稿》(Saussure 2006) 相关文本的解读试图论证：1）索绪尔语言哲学也是语言哲学；2）与传统语言哲学以及当时正在兴起的分析性语言哲学相比，索绪尔所创立的乃是另外一种范式的语言哲学。

2. 索绪尔语言哲学是语言哲学吗？

从目前收集到的文献来看，研究者对这个问题都持肯定回答，但具体的论据和解释则各不相同。《手稿》编者Bouquet 和Engler在论及20世纪初"普通语言学"术语的涵义时提到，索绪尔为课程"普通语言学"设定的教学目标是"语言学的哲学"(une philosophie de la linguistique)（Saussure 2011: 1；见Bouquet 和Engler为该书撰写的"编者前言"）。这里的"语言学的哲学"(une philosophie de la linguistique) 和作为一门学科的"语言哲学"(the philosophy of language)

显然不是等值的概念。和有特定学科边界和内涵的"语言哲学"相比，索氏的"语言学的哲学"显然不是一个有确定的边界、内涵的概念，而是作为学科的语言学的哲学基础。由此可见，索氏的语言哲学与其致力于创建的普通语言学关系密切。从语言科学的学科需要来看，"语言学的哲学"的内涵可能比"语言哲学"概念内涵大，但同时，我们也可以设想，"语言学的哲学"有可能在概念上小于"语言哲学"。但无论如何，其中会涉及语言哲学的学科内容，这是确定的。

Bouquet和Engler（Saussure 2011：2）同时还提到，索绪尔对普通语言学的思考还涉及关于语言的（亚里士多德《分析篇》意义上的）分析思辨活动领域。这个知识领域，在索绪尔看来，有时还可以扩展到意义更为普遍的、哲学的问题，并可称为语言哲学（philosophie du langage）。这又是索绪尔语言哲学的另一个标签！不过，需要注意的是，这里的"langage"意为"人类交际机能"(the human faculty of communication, Saussure 2011 [1959]: 235)或"言语活动"（见裴文 2003；或于秀英 2011的翻译）。在《教程》（Saussure 2011 [1959]）中，该术语乃是"语言"（langue）和"言语"（parole）的总括词，而和通常意义的"语言"不完全等值。

显然，虽然索绪尔有语言哲学是不容否认的事实，但索绪尔语言哲学究竟是语言学的哲学，还是人类交际机能或言语活动层面的语言哲学，抑或是其他意义上的语言哲学，这个概念即便是在《手稿》编辑者那里仍然不够清晰，需要进一步的思考与厘定。

近期索氏语言哲学的研究中，除却上面述及的Tantiwatana（2010）和Gasparov（2013）外，王寅（2013）和钱冠连（2013）的研究也颇具特色。王寅（2013：10）将索氏语言哲学称为"关门打语言"的语言哲学，并指出索氏语言哲学"不仅有欧洲哲学传统的影子，而且还有弗雷格、罗素和维氏等分析哲学的影子，因为他们着眼于从语言系统内部来进行分析。但不管怎么说，索氏与当时的分析哲学家享有很多共同的关键观点，这就是我们为什么主张将索氏语言学理论的哲学基础定为语哲的主要原因"（同上）。

显然，在王寅看来，索氏语言哲学之为语言哲学，乃是因为其与分析哲学存在诸多共性。他把这些共性概括为：1）语言具有先在性，语言使思想出场；2）对语言工具论的批判；3）对关系与命题/事实的认定；4）索氏的关门（内指）论与弗雷格的"内涵决定论"和罗素的"摹状论"关系密切；5）语言与世界存在同构关系（亦可参见陈嘉映 2003：85）；6）对"语言中心论"的持守；7）对语哲三原则（即"以形式逻辑为基础，以语言为研究对象，以分析方法为特征"；江怡 2009，转引自王寅 2013：13）的坚守。王先生所论甚广，本文不拟全面评述。但必须指出的是，本文第三节将论证：索氏语言哲学的立论基础之一，便是对语言与世界同构关系的批判与拒斥。

钱冠连（2013）索绪尔语言哲学研究的出发点是《手稿》编者Bouquet和Engler的观点以及《手稿》的文本。基于《手稿》"编者前言"对索氏"语言学的哲学"（une philosophie de la linguistique）和"语言哲学"（philosophie du langage）的概述，钱先生认为索绪尔不但有语言哲学，而且其语言哲学和分析性语言哲学分属不同风格。和分析性语言哲学由语言入、从世界出的路径不同的是，索氏的语言哲学是奠基于普通语言学之上的语言哲学。这样一种语言哲学的独特风格是：1）充满了分析思辨和缜密思想的叙述；2）"深陷语言系统，在语言的'有价值的构件'之内，在谈论普通语言学的种种细微研究对象的同时，随时不忘讨论存在、时间、事物、精神与意义等等"。这里的"深陷语言系统"、"在语言系统里转圈子"和王寅（2013）"关门打语言"的论断异曲而同工；"语言的'有价值的构件'"反映了钱先生对语言系统构成要素的实质（由其价值特征定义）及意义本体（即价值的系统分配特性）的把握，值得肯定和称道。

　　但可惜的是，钱先生并未以此（即基于价值的意义观）为基础进一步思考索氏语言哲学基本问题，而是回到指称层面讨论索氏与弗雷格、罗素指称理论之共同点了。这似乎表明，在钱先生看来，索氏语言哲学的核心问题——意义，也是建立在语词对事物的指称（即分析性语言哲学的意义观）之上。本文第三节将论证，作为索氏语言哲学核心问题的意义（即价值）并不来自语词对事物的指称，而是来自语言系统的指派。这正好是索氏语言哲学的根本特点！

　　显然，《手稿》编者的思考虽然肯定了索氏语言哲学的存在，并指出了其研究方向，但对其具体内容所涉不多。新近的研究（如Tantiwatana 2010、Gasparov 2013、王寅 2013和钱冠连 2013等）也肯定了索氏语言哲学的本体论地位，且多有突破和创见。但于本文而言，问题还是：索绪尔语言哲学的特点何在？

3. 索绪尔语言哲学的特点

　　要厘清索氏语言哲学的本质特征，首先要回答的一个基础性问题是：什么是语言哲学？本节先对语言哲学及其基本假定进行介绍，然后以此为基础讨论索氏语言哲学的本质特征。

3.1　什么是语言哲学？

　　一般认为，语言哲学是通过分析语言以解决哲学问题的哲学分支学科（亦可参见程志民、江怡2003：312）。语言哲学对语言分析所采用的是逻辑方法，其目的是要解决哲学的终极问题，即存在为何物。具体说来，语言哲学对语言的分析涉及语言的本质以及语言与使用者　语言与使用者的思想及语言与世界（实在）等论题（Baghramian 1998: xxix），语言哲学的语言分析活动也在上述维度上展开，对语言与思想、语言与世界关系的分析（即上述钱冠连从语言入、从世界出的分析路径）就构成了语言哲学学科的核心内容。

　　语言哲学对语言与思想和语言与世界等层面关系的分析有两个根本特点。特点之一是，从研究内容来看，语言哲学对三者关系的研究是以意义作为核心展开的。具体说来，语言哲学对意义问题的研究围绕指称和涵义两个基本论题进行，弗雷格（1892）的《论涵义与指称》便是该研究路径的典范和开山之作。实际上，现代语言哲学虽然流派众多，但究其理论基点，均是围绕这两个论题建构自己的意义理论。

特点之二是，语言哲学对语言、思想和世界的研究源自一个根本假定，即语言、思想和世界三者间存在同构关系。这是西方语言哲学，甚至是西方哲学传统的基础假定（Hallett 1990）。什么是同构呢？"同构"（isomorphism）作为一个哲学概念可定义为一种结构上的匹配关系（pairing）。在Hallett（1990：5-6）看来，处于同构关系中的项目间同时也存在因果和平行关系，但项目间不存在相似关系（resemblance），也不一定相互符合（correspondence）。Hallett的例子是音符和钢琴琴键。他认为，乐谱上的音符与钢琴演奏时弹奏的相关琴键间存在同构关系，因为二者在结构上是相互匹配的，而且是平行的。

对语言哲学而言，上述语言、思想和世界间的同构关系体现于涵义和指称两个意义维度。其中，最能体现同构关系的是指称维度。在西方哲学传统中，对指称问题的表述总是与模仿（mimesis）关系密切，因为按照这一观点，语言与其所指称的对象间存在模仿（imitate）或表征（represent）关系（Meisel & Saussy 2011：xv）。在语词层面上，指称关系首先体现为语言的语词对实在对象的命名，最能体现语言命名功能的语词类型当属名称，尤其是专名。这样，我们就可以明白，为什么对一般意义上的名称以及专名意义问题的考察一直是语言哲学研究中经久不衰的论题。在语句层面上，指称关系又体现为语句对实在事态的表征。这种表征得以完成乃是因为语句的结构（即命题的主词和谓词）和外部事态间存在同构或符合关系。哲学对语句意义（即真假值）的论证就是参照这种关系来完成的。

由此可见，语言哲学的任务是对意义问题的考察，其中无论是对语词意义的考察，还是对语句意义的分析，都以语言、思想和世界三者的同构性作为意义有效性论证的基础，这是西方哲学的固有传统，也是语言哲学之为第一哲学之根源。以此为基础，我们就可以介入对索绪尔语言哲学的研究了。

3.2　索绪尔立论之第一步：对语言指称观的批判

基于上述对语言哲学的理解，我们发现，索绪尔不但有语言哲学，而且其语言哲学一开始就有自己的特色。在《教程》和《手稿》文本中，这一特色首先就体现为对西方传统（语言）哲学以及当时正在兴起的分析性语言哲学基本假定的批判和拒斥。颇为有趣的是，索氏对传统哲学的批判与其普通语言学理论核心概念的提出和论证几乎是同步的。

在《教程》第一编（一般原则）第一章（论语言符号的性质），索绪尔（Saussure 2011[1959]：65）开篇就指出，

"有些人认为，语言，若就其最基本的构成要素来说，就仅仅只是一个命名过程——一个语词清单，其中每一个语词都与其所命名之物存在对应关系。"

这段话虽未言明"有些人"究竟所指何人，但却言明了哲学家对语言的基本看法，即：1）语言仅仅只是一个命名过程（这至少会使人想起柏拉图或先秦名家的语言观）；2）语词（名称）与被命名物间存在对应、符合关系。这种对应、符合关系本身也预设着同构或匹配关系的存在。不用说，这里索氏所描述的正好就是语言指称观（referential view of language）。按照这种观点，语词的意义来自于其所指称的实在对象，传统哲学正是循此思路论证语词意义的。

索绪尔（Saussure 2011[1959]: 65）认为，上述语言观在以下三个方面难以立足。首先，该语言观假定，观念先于语词而存在，且乃现成之物（ready-made ideas exist before words）。换句话说，观念可以独立于语词而存在，而且观念和语词是相互平行的。这恰好满足了同构性的理论预设。下面我们将会看到，索绪尔对观念和语词关系的看法正好与此相悖。其次，未说明名称是否有声音属性和心理属性（it does not tell us whether a name is vocal or psychological in nature）。这虽然未必是哲学语言观的不足（因为，如前所述，语言哲学对语言的分析意在解决或消解哲学问题，而不是语言学的问题），但它却表明，哲学语言观（包括语言指称观）无法涵盖交际性语言的语音属性和心理属性。奠基语言科学所需的语言观至少不仅限于此。第三，语言指称观假定，名物之联系乃是一个非常简单的操作过程（the linking of a name and a thing is a very simple operation）。这个假定，在索绪尔看来，是绝对错误的（an assumption that is anything but true）。何以如此？按照这个假定，语词与其所指物的联系虽然仍有思想（即上述第二维度）作为中介，但社会因素却被排除在外。而在索氏看来，语言本身就是一个社会事实（social fact）。

需要指出的是，索氏对哲学语言观的批判不独见于《教程》，在《手稿》中类似的思考更为多见。例如，在《手稿》中论及普通语言学（具体说来是符号的约定性；注意：索氏对语言哲学问题的思考似乎总是跟普通语言学密切关联）时，索绪尔（Saussure 2006: 162）又对哲学家所建立的语言模型做出了如下的陈述："目前哲学家所建立的，或至少是提出的大多数语言模型，都会使人想到我们的始祖亚当，他把各种的动物叫到身旁，给它们一一起名"（亦可参见 Saussure 2011: 199）。这里说的，还是语言的命名功能！

在索绪尔看来，唯名论哲学家对语言构成基本要素的这种看法存在根本性的错误。首先，他认为"语言从根本上来说不是由名称构成的"（Saussure 2006: 162），这是事实，无需多说。语言不是名称的清单，知识也不是事物的清单。更为重要的是，把语言理解为由名称构成的清单会使我们向语言之外寻求其本质，这样获得的语言形象既包括语词，也包括其指称的对象。由此引出的问题是用物体来论证名称意义的做法，而这正是索绪尔要否定的，"起步之时，就把所指物（designated objects）这一依据作为根本放入研究，这实在是可悲，其实它们在其中什么都不是"（Saussure 2011: 199-200）。这是对把指称对象作为语词意义本体根源做法的明确否定。

语词（名称）与事物（对象）间不存在同构关系，那么语言与思想的关系又如何呢？在《教程》中论及语言系统的价值特性时，索绪尔（Saussure 2011

[1959]：111-112）作了以下陈述：

"从心理方面看，我们的思想若无语词的表述，便仅仅只是一团没有固定形状的、模糊不清的浑然之物。一直以来，哲学家和语言学家都一致认定，若无符号的帮助，我们就无法对两个观念做出明确、统一的区分。若无语言，思想就是一团模糊不清的、没有明确边界的星云。预先存在的观念是没有的，在语言出现之前，一切均模糊不清。"

这一段话清楚地阐明了索绪尔关于语言与思想（甚至是语言与思维）关系的基本观点。于本文而言，有三点值得注意。其一，思想原本乃浑然之物，只有借助语言的表述才能清晰，才能成为有形（句法之形或语音之形）之物。其次，思想的构成单位观念与观念之间的区分也需要借助于语言符号才能得以完成。第三，思想的构成单位观念的存在必须经由语言符号的媒介才能得以实现，观念不能独立于语言而存在。显然，在索绪尔看来，思想不能先于、独立于语言而存在，甚至于观念间的区分也必须借助语言才能实现。

值得注意的是，这种语言对思想及其构成要素（观念）的决定作用表明，索绪尔对语言与思想关系的看法在基本假定方面与传统语言哲学以及分析性语言哲学存在根本的对立。如上（见3.1节）所言，在传统语言哲学和分析性语言哲学看来，语言和思想之间存在同构关系。这种关系表明，语言和思想在结构上是相互匹配的，同时也是平行的。由此可进一步推知，思想有自己独立的结构，这种结构可以先于（或至少是独立于）语言而存在，与语言保持平行而独立的关系（亦可参见张绍杰2004：24-25）。显然，上述索绪尔对语言与思想及其观念的决定作用的论述意在从根本上否定传统语言哲学和分析性语言哲学的根本假定。

通过对语言指称观的批判、对语言与思想关系的思考，索绪尔从语言与世界和语言与思想两个层面批判、否定了传统语言哲学和分析性语言哲学的理论假定，从而为自己的语言哲学理论和普通语言学思想体系的建构找到了一个哲学立足点和逻辑出发点。

3.3 索绪尔语言哲学：基于表义过程的意义理论

通过上述对《教程》和《手稿》相关内容的文本分析，我们可以看出，索绪尔语言哲学的根本属性是切断了语言与外部世界（实在）的联系，在语言系统内寻找意义的落脚点。这个落脚点，从索氏普通语言学思想建构的需要来看，便是其关于语言符号本质问题的思考。

索绪尔对语言符号本质问题的思考首先表现为其对语言符号能指和所指的区分。作为语言符号的两个构成要素，能指（signifier）和所指（signified）分别指有声语言的声音形象（sound image）和该声音形象所代表的概念（concept）。二者的联系乃是一种表义关系（signification或signifying），这种关系在语言符号（linguistic sign）层面上得以实现。"语言符号所连接的，不是事物和名称，而是概念和声音形象"（Saussure 2011[1959]: 66）。由于概念和声音形象均为心理实体，故符号的表义过程便是心理层面上的操作，这一点和名称与事物间的指称关系存在根本差异。

以上述语言符号的性质以及符号表义过程为基础，索绪尔语言哲学的特点就卓然可见了。首先，切断了语言与世界的联系，形成"关门打语言"的态势后，索氏提出的意义理论的第一原则就是语言符号的任意性（这同时也是索氏普通语言学理论体系的第一原则）。确立能指与所指关系的任意性本质上是索氏拒斥语词意义指称观之逻辑后果，是在语言系统内寻找意义落脚点的第一步。同时，符号任意性的确立对于索氏意义理论的建构来说，还有一个重要意义，即符号的各种特性，如心理属性、社会属性以及意向性等，就可以顺理成章地进入到符号意义的生成和分析之中，构成索氏意义理论的诸要素。

在语言系统内寻找意义落脚点的第二步，是以"系统"为参照，以"义值"（value）为概念之本体，确立语言符号（具体说来是符号能指）的意义。这样的一种意义不是由符号系统之外的世界或其他任何因素决定的，而是符号系统本身分配的结果。这样一来，对构成系统的某一符号义值的定义便不能采用"正"的方法，而只能采用"负"的方法。何为"负"的方法？"负"的方法便是，比如说，在定义一个符号能指的所指（概念，义值）时，我们不是通过属加种差的方式正面给出该所指的意义特征，而是依据该所指与其他符号所指间的差异（difference）来确定所指的意义特征。通常，这种差异就表现为一组有对比性质的区别性特征。基于此，索氏普通语言学理论的基本概念，如"负性"（negativity）、"负的事实"（negative facts）等就好理解了。这种"负"的方法不独见于意义层面概念的定义，也见于索氏普通语言学理论体系的各个层面。有趣的是，这种"负"的方法与印度及禅宗哲学中"负"（apoha）的方法有异曲同工之妙（亦可参见屠友祥 2011: 3; Gasparov 2013）。这个问题容当后论。

无论如何，以"系统"为参照，以"任意性"为基点，以"表义过程"为基本维度，以"义值"为核心，以"差异""负"的方法为进路，索绪尔建构了以表义为基本维度的语言符号意义理论，并以此为基础，创立了科学的普通语言学理论体系。

4. 结束语

本文通过对《教程》和《手稿》的解读表明，索绪尔语言哲学是语言哲学，而且其语言哲学是独具特色的语言哲学。和传统语言哲学以及当时正在兴起的分析性语言哲学相比，索氏语言哲学是基于表义的（而不是基于指称的）语言哲学，其特点为：1）在语言与实在（世界）关系层面上，索氏语言哲学拒斥语言与实在的同构性和符合性，据此切断二者联系，以"关门打语言"为路径建构其意义理论；2）在语言与思想层面，索氏语言哲学拒斥思想的先在性和独立性，而坚持思想对语言的依赖，并以此为基点建构其语言哲学理论。

据此还需指出的是，索氏语言哲学不是分析传统的语言哲学，因而可以设想索氏语言哲学不会涉及如专名意义理论、描述语理论等论题，但仍然可以讨论存在等（语言）哲学概念（钱冠连 2013）。索氏语言哲学虽然是一种有独立形态的语言哲学，但与作为其思考重心的普通语言学理论相比，索氏语哲（如其关于语义问题的思考）仍然不够完备，故需要进一步地丰富和发展。

参考文献

[1] 陈嘉映，2003，语言哲学[M]. 北京：北京大学出版社.

[2] 程志民、江怡，2003，当代西方哲学新词典[D]. 长春：吉林人民出版社.

[3] 裴文，2003，索绪尔：本真状态及其张力[M]. 北京：商务印书馆.

[4] 钱冠连，2013，论索氏语言哲学：初探《普通语言学手稿》[J]. 待出版.

[5] 屠友祥，2011，索绪尔手稿初检[M]. 北京：中国社会科学出版社.

[6] 王寅，2013，再论索绪尔与语言哲学[J]. 山东外语教学（1）.

[7] 信德麟，2005，索绪尔《普通语言学札记》（俄文本）评介[A]，赵蓉晖编，索绪尔研究在中国[C]. 北京：商务印书馆.

[8] 余开亮，2005，索绪尔语言学模式的哲学意蕴及美学流变[A]，赵蓉晖编，索绪尔研究在中国[C]. 北京：商务印书馆.

[9] 张绍杰，2004. 语言符号任意性研究：索绪尔语言哲学思想探索[M]. 上海：上海外语教育出版社.

[10] 张绍杰、王克非，2005，索绪尔两个教程的比较与诠释[A]，赵蓉晖编，索绪尔研究在中国[C]. 北京：商务印书馆.

[11] Baghramian, M. (ed.). 1998. *Modern Philosophy of Language* [C]. London: J. M. Dent.

[12] Gasparov, B. 2013. *Beyond Pure Reason: Ferdinand de Saussure's Philosophy of Language and Its Early Romantic Antecedents* [M]. New York: Columbia University Press.

[13] Hallett, G. L. 1990. *Language and Truth* [M]. Beijing: World Publishing Corporation.

[14] Meisel, P. & H. Saussy. 2011[1959]. Introduction: Saussure and His Contexts. In Saussure, F. de. *Course in General Linguistics* (trans. W. Baskin; eds. P. Meisel & H. Saussy) [M]. New York: Columbia University Press.

[15] Saussure, F. de. 2006. *Writings in General Linguistics* (eds. S. Bouquet & R. Engler; English edn. trans. C. Sanders & M. Pires) [M]. Oxford: Oxford University Press.

[16] Saussure, F. de. 2011[1959]. *Course in General Linguistics* (trans. W. Baskin and eds. P. Meisel & H. Saussy) [M]. New York: Columbia University Press.

[17] Saussure, F. de. 2011. 普通语言学手稿[M]. 于秀英译. 南京: 南京大学出版社.

[18] Tantiwatana, A. 2010. *On Ferdinand de Saussure's Philosophy of Language: An Investigation of Difference* [M]. Saarbrukcken: LAP LAMBERT Academic Publishing.

语言符号的整体性[1]

——兼论符号界定中的歧解

天津外国语大学/北京第二外国语学院　马壮寰

摘　要：本文首先通过与某些自然标识符号的比较，讨论语言符号的能指与所指的不可分性，即语言符号的整体性。在此基础上本文探究了普遍意义的符号在界定中的一个歧解：符号既是代表另一事物的事物，又是一个事物与它所代表的另一事物之间的关联，前者的符号过程处于符号之外，后者的符号过程处于符号之内。

关键词：不可分性；整体性；歧解

Abstract: Through comparing linguistic sign with some natural index, this paper discusses the inseparability between signifier and signified of linguistic sign, i.e. the unity of linguistic sign. Then the paper probes an ambiguity in defining sign in general: a sign is either something that represents something else or correlation between something and something else represented by something. The former suggests semiosis taking place outside the sign; the latter semiosis inside the sign.

Key words: inseparability; unity; ambiguity in defining sign

　　无论人们怎样看待语言学与符号学之间的关系，语言被视为一种符号系统是毋庸置疑的。根据索绪尔的观点，语言的问题主要是符号学问题，与符号学相联系，语言研究才更为科学。在Peirce的符号理论中，语言也作为一种符号被纳入其中——尽管他们二人的理论有许多不同。

　　既然语言被看作一种符号系统，将语言符号与其他类型符号加以比较是很自然的，也是很必要的。语言学家和符号学家在这方面的研究已经取得了很多成绩。功能主义符号学所做的就是一例。

　　功能主义符号学以任意性、共存性、相似性及意向等作参数将语言与标示符号、像似符号、象征符号等其他类型的符号加以比较，从而把它们各自的许多特性揭示出来（Hevey 1982）。

　　本文也要借助比较的方法，但是关注的问题有所不同。本文将首先讨论语言符号的不可分性或整体性，然后在此基础上关注并探究符号界定中的一个"歧义"现象和由此引出的问题。

---

[1]　本文曾发表于《外语学刊》2007年第一期。

1. 语言符号整体性

尽管语言与其他符号系统有某些共性，语言却是一切符号系统中极为特殊的一种。

为了揭示语言符号的性质，索绪尔把语言符号分为两面，即能指/音响形象和所指/概念，并指出两者的关系是任意的。与此同时，索绪尔还着力强调了语言符号的不可分（inseparable/indivisible）性或整体性。在他看来，语言符号是一个含有两面的自足的实体（self-contained dyadic entity）。他（Saussure 1959：66）明确地阐述道："语言符号是一个含有两面的心理实体"，其中的"两个成分紧密地结合在一起，一个可以引出另一个"。他为了强调二者的不可分性，还特意打了比方。他说语言符号的两面好比一张纸的两面一样是分不开的（Saussure 1959：113）。"如果为了理论的目的把它们分开的话，给我们带来的只能是心理的或者是语音的，而不是语言的。"（Saussure 1983：111）这种观点在他设计的图示（图1）里得以充分体现：

图1

当我们把语言符号与某些自然标示符号（index）相比较时，语言符号的整体性似乎会更加突显出来。例如，烟在一定情况下可能被人认为代表或意味着火，从而烟就成为一个符号（显然在这个符号的形成过程中，人的解释、联想或推理是不可或缺的）。然而，这里烟与火二者之间有着明显的区分。当烟不被认为代表火的时候，它依然存在，仍然以其自身被人们所认识。换言之，二者的符号关系并不是绝对的。烟与火是相对独立的两个事物，二者的存在不依赖它们之间的符号关系。

相比之下，语言符号的能指与所指却是相互依存的，是不能分离的。"即便说它（语言符号）是由音响形象和概念两方面构成，它的存在方式从来都是一个整体。""'可分'以'不可分'为前提。"（马壮寰 2004）所谓的"分"是抽象的、假定的，是分析的需要，是一种研究方法。语言符号"具有携带信息的能力，它是音（形）、义结合的统一体，所以它是两重性的单位。"（王铭玉 2004：16）如果把语言符号分为表达和内容两个层面，这个问题还可以借助于 Hjelmslev 的说法来表述：不存在没有表达（方式）的内容，也不存在没有内容的表达（Chandler 2002：53）。

虽然，语言符号的能指与所指的不可分性看似平常，却可以在一定程度上反映出语言有别于其他符号系统的本质属性。自然语言源于人类的创造天性但又不是人类有意识地设计出来的——这是一个佯谬。语言作为一种符号系统具有许多"与生俱来"的特质。语言符号的整体性，即能指与所指，或宽泛地说，形式与意义的不可分性就是其中之一。

到此，问题已经被阐释得非常明确了。然而，当我们进一步探究的时候，就会发现语言符号的整体性与符号的界定有关，仍然是个值得深入思考的问题。

2. 符号界定中的歧解

既然符号是符号学研究的对象，对符号加以界定就成了一个前提性的工作。清晰、准确、始终一致的定义是人们所希望得到的——尽管它不可能全部完成揭示符号本质的任务。可是，事实上对"什么是符号"的问题并没有一个完全一致的回答。

著名的意大利符号学家Eco（1979：7）对符号做过一个简单的定义，他认为：任何一个在意义上能被当作另一事物的替代物的东西都可能是符号。

尽管"符号如此之多，彼此间又如此迥异"（Eco 1984：18），但是似乎都应该符合以上的定义。也就是说，我们可以接受这样一个基本思想：任何一个事物都可能成为符号——只要它被认为代表另一事物。甲物若能代表乙物，甲物就是一个符号。

然而，当我们用这个定义衡量索绪尔对语言符号的描写时，就会发现一个难题：既然在语言符号这个含有两面的自足的实体中，能指（音响形象）代表所指（概念），那么，能指就应该被视为符号。可是，如果这样认为，语言符号的整体性就会受到挑战，语言符号就不再是含有两面的自足的整体了，而仅仅是用来承载或指代意义或概念的形式。或者说，语言符号只是不含意义或概念的声音形象——而这显然有悖于索绪尔对语言符号的观点。如此一来，概念（或意义）是否是语言符号内在、固有的成分也就成了问题。

值得注意的是，事实上，在《普通语言学教程》中索绪尔确实面临着这种两难的困扰。譬如，在讨论语言符号价值时，索绪尔（1959：115）说："一个词（而不是'音响形象'——本文作者）可以跟某种不同的事物，即概念交换。"这种表述模糊了能指（或音响形象）与作为一个整体的语言符号之间的区别。这里"词"指的是语言符号还是能指？似乎哪个都不能自圆其说。如果是语言符号，根据索绪尔，它应包含着音响形象和概念，不可能再与概念交换；显然，这里"词"是不含概念的，相当于"音响形象"，即能指。可是这样一来，就意味着索绪尔是在讨论能指的价值而不是语言符号的价值——这又违背了他要讨论语言符号的价值的目的。

另外，在《第三次普通语言学教程》中也有相似的情形。"索绪尔很多时候是把概念和听觉印象的结合这个整体称作符号，有时候把听觉印象这一更为物质性的一半称作符号，因为它运载某个概念。"（参看该书26页"中译本序言"）譬如，在该书112页就有这样的句子："符号和概念之间的契约愈趋复杂了。"按照索绪尔对语言符号的一般界定，这里"符号"显然相当于"能指"。

其实这种两难的处境不仅限于索绪尔。功能主义符号学在解释自然标示符号时，也出现了与以上定义不一致的现象（Hevey 1982：173）。譬如，烟和火分别被当作一个符号的表达层面和内容层面，如下面的公式所示：

（自然）标示符号：烟/表达层面（意味着）火/内容层面

按照以上引证的Eco的定义，烟代表火，所以烟应该被认为是一个符号，可是这里烟却被认为是符号的一个层面，而不是符号。那么什么是这个标志符号呢？在这种情况下该符号只能是由烟与火二者（之间的关系）构成的。也就是说，符号的所指被视为是符号内在的——这一点与索绪尔的语言符号观具有某些相似。

符号究竟是代表另一个事物的事物还是一个事物与它所代表的另一事物之间的关联？事实上两种界定都存在，这正是本文所讨论的符号界定中的歧解。譬如，Eco（1984：1）除了上边引证的定义，还曾经说过："通常符号被认为是能指与所指（或表达方式与内容）之间的相互关联，进而是彼此间的活动。"

与此相似的是，在Peirce所主张的更为复杂的符号三元模式（triadic model）中，"符号"与"符号形式"总是被用作同义语。譬如，他说过："一个符号或符号形式（representamen）是第一项，它与一个第二项处在一个真正的三元关系中，这个第二项叫做它的所指（object），同样这个符号能够决定一个第三项，这个第三项叫做它的符号解释意义（interpretant）[1]。"这里值得注意的是"符号或符号形式"的说法。这意味着，其中的第一项既可以被称作"符号"又可以被称为"符号形式"。根据这一点，我们可以得出两个解释：

（一）当其中的第一项被称作"符号"时，该定义为：符号是代表符号所指（事物）并决定符号解释意义的事物，或者说符号是与后两者形成三角关系的事物（图2）；

（二）当第一项被称作"符号形式"时，该定义的意思则是：符号是符号形式、符号所指、符号解释意义三者的关联或结合（图3）。有人将前者称为狭义的符号，后者为广义的符号（丁尔苏 2000：59）。

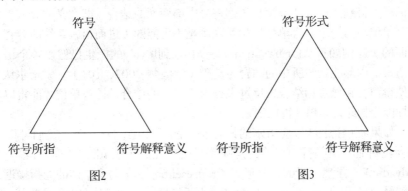

图2   图3

图2表示出符号与其他二者的关系，符号本身并不包含其他两个成分；图3表示出符号是由三者构成的，显现出符号的自足性或整体性。

Peirce（1998：135）也曾把符号简单地界定为：符号或符号形式是对某人来说就某个方面或某种能力代表某物的东西。（虽然该定义没有提及所谓的"符号解释意义"，但是这个意思已经暗含其中。）这里还是应该注意"符号或符号形式"。显然这既是对符号的界定又是对符号形式的界定。如果是前者，"被代表的某物"处于符号之外，即符号过程（semiosis）发生于符号之外；如果是后者，符号包含着符号形式和"被代表的某物"，即符号过程处于符号之内。Peirce的这种定义似乎意味着一个符号自然也是符号形式，一个符号形式本身也是一个符号。

对"符号"这个概念的歧解，即对符号界定的一种不一致，Hervey（1982：27）有所注意，他指出：对"符号"这个术语的歧解的原因是：整个表示三个成分的三角被归入一个符号，同时那个由整个三角限定的成分也被称为符号。

Chandler（2002：36）曾评论道，符号不同于符号载体（sign vehicle）。"符号"这个术语常常用得不够严格，所以同符号载体的区别并非总是很清楚。在索绪尔的框架里，有时被称为"符号"的应该是"能指"。同样，Peirce常常在提到"符号"的时候，严格地说，他指的是"符号形式"（representamen）。这种评论是正确的。然而，值得注意的是，造成这种歧解的原因当然不是大师们的疏忽，也不是语言表述问题，而是符号本身的特质使然。在这种现象下面还存在着某些更深层的、耐人思索的哲学内容。其中显然包含语言与思想的关系、意义的产生等问题。如果我们认为"符号的意义不是存在于符号本身，而是产生于人们的解释"（Chandler 2002：35），那么符号就应该被视为承载意义的介质，而本身不含意义。可是将这种观点用于语言符号，又同样难以被完全接受。

就语言符号而言，虽然也存在着两种可能的界定，人们多半还是相信语言符号是包含意义的整体——尽管不一致的表述时而出现。语言符号的整体性可以从下面一点得到支持：如果没有语言符号内部两面的结合（即意义的介入），一个语言单位与另一个语言单位的相互联系是不可能的（进而语言系统的存在也是不可能的）。例如：从farm到farmer，从love到lovely的派生显然以各个语言单位（语素）内部能指与所指的结合为基础（索绪尔 2002，103）。索绪尔认为，语言使得声音和思想相结合，反过来，由于二者的结合，语言单位才能得以切分；同样因为如此，思想才得以明晰。

如果我们把图3与索绪尔的语言符号图示相比，一方面，我们可以发现二者存在明显不同。譬如，前者意味符号是三元的（triadic），而后者是二元的（dyadic）；虽然前者的符号形式（representamen）与索绪尔的能指接近，符号的解释意义（interpretant）与索绪尔的所指接近——但是在Peirce看来，符号的解释意义本身在解释者心中还可以成为符号（Chandler 2002：33）；前者所包含的符号所指在后者中找不到对应，等等。

另一方面，值得强调是，尽管二者如此迥异，却有一点是相似的，它们分别都是由若干要素或成分集合而成，都是若干成分的关系的体现，从而显出各自的整体性或自足性。就语言符号而言，这种整体性是显然的。索绪尔的语言符号定义突显出两个要素（即能指和所指）的关联，它意味着1）符号不是由一个单独的实体构成；2）符号不是一个固定的符号实体，而是独立的、来自不同系统的成分相互汇合的基础（Eco 1979：49）。在某种自然语言中，无法想象存在着没有意义的语言符号，或者符号形式与符号内容相分离的语言符号（虽然其意义可能随语用等因素有所变化）。但是，与此同时，这种整体性（如前文所述），在定义上又会面对某种困难或麻烦。

总而言之，在解释各种符号系统的时候，人们难免要遇到符号界定中的这个歧义现象。有趣的是，一方面，符号学在日趋繁荣，出现了数不胜数的相关文献，另一方面，人们还总是要思考一个看似简单实则很难解决的问题：符号的内涵究竟是什么？"符号是我们借以知道其他事物的事物"（Peirce 语，转引自 Eco 1984：2）？还是若干不同事物的某种关联？

参考文献

［1］ 丁尔苏，2000，语言的符号性[M]，北京：外语教学与研究出版社.

［2］ 马壮寰，2004，索绪尔的语言价值观[J]，当代语言学（4）.

［3］ 索绪尔，1985，普通语言学教程[M]，高明凯译. 北京：商务印书馆.

［4］ 索绪尔，2002，第三次普通语言学教程[M]，屠友祥译. 上海：上海人民出版社.

［5］ 王铭玉，2004，语言符号学[M]，北京：高等教育出版社.

［6］ Chandler, D. 2002. *Semiotics: The Basics*[M]. London: Routledge.

［7］ Clarke, D.S. 1994. *Principles of Semiotics*[M]. London and New York: Routledge& Kegan Paul.

［8］ Cobley, P. (ed) 2001. *The Routledge Companion to Semiotics and Linguistics*[C]. London and New York: Routledge.

［9］ Cobley, P. & L. Jansz 2003. *Introducing Semiotics* [M]. UK: Icon Books.

［10］ Eco, U. 1979. *A Theory of Semiotics*[M].Bloomington: Indiana University Press.

［11］ Eco, U. 1984. *Semiotics and the Philosophy of Language* [M]. London: Macmillan Press.

［12］ Hevey, S. 1982. *Semiotic Perspectives*[M]. London: George Allen &Unwin.

［13］ Misk, C. (ed) 2004. *The Cambridge Companion to Peirce*[C]. UK: Cambridge University Press.

［14］ Ogden, C. K. & I. A. Richards.1989. *The Meaning of Meaning*[M]. San Diego: Harcourt Brace Jovanovich.

［15］ Peirce, C.S. 1998. *Collected Papers of Charles Sanders Peirce* (Volume 2) (ed.Charles Hartshorne & Paul Weiss) [M]. Bristol: Thoemmes Press.

［16］ Saussure, F. de. 1959. *Course in General Linguistics* (trans. Wade Baskin) [M]. New York: McGraw-Hill.

［17］ Saussure, F. de.1983. *Course in General Linguistics* (trans. Roy Harris) [M]. London: Duckworth..

［18］ Thibault, P. J. 1997. *Re-reading Saussure: The Dynamics of Signs in Social Life*[M]. London: Routledge.

索绪尔的语言理论与伯克的修辞学说

曲阜师范大学　鞠玉梅

摘　要： 被誉为"现代语言学之父"的索绪尔（Ferdinand de Saussure）的理论不仅开启了西方现代语言学的建立和发展，而且对现代西方众多学科和领域产生了深远的影响，这一点已是人所共知。肯尼斯·伯克（Kenneth Burke）作为美国20世纪新修辞学以及修辞学复兴运动的主要代表人物在修辞学界享有"亚里士多德第二"之美誉。伯克修辞学说的一大特点是强烈的跨学科性，他的理论远远超出传统修辞学的边界，涉及了人类语言以及非语言符号交流的方方面面。本文拟对索绪尔的语言理论对伯克修辞学说所产生的影响进行讨论，从而探索伯克的一些理论观点的索绪尔渊源。研究发现两者在诸多有关语言的观点上存在着联系和一致性，主要表现在五个方面，即语言的符号性、语言使用的选择性、语言创造意义、语言的本体地位、二元对立的术语体系。本项研究是回顾和整理20世纪学术思想的一种有益尝试，希望有助于我们理解20世纪西方学术思想的某些特征。

关键词： 索绪尔；伯克；语言理论；修辞学说；联系

Abstract: It is well-known that Ferdinand de Saussure, as the father of modern linguistics, has made great influence upon lots of disciplines and fields of study in the western world. Kenneth Burke is the most representative scholar in the 20th century American New Rhetoric movement and the revival of classical rhetoric. One of the greatest features of Burke's theory of rhetoric is being multidisciplinary in nature, thus his study has been far beyond the field of rhetoric and probed into every aspect of human linguistic and non-linguistic communication. This paper attempts to make a discussion about Saussure's influence upon Burke, so as to discover the source of some of the theories of Burke. The result of the study shows that Burke and Saussure have some points in common especially on the nature of language. They hold common points about the symbolic nature of language. They both agree that language use is making choice, language creates meaning, and language is constructive. And they both create important distinctive pairs of concepts of binary opposition. This study is an attempt to review the academic thoughts of the 20th century, and we hope it will contribute to the understanding of some of the traits of the academics of the 20th century.

Key words: Ferdinard de Saussuer; Kenneth Burke; linguistic theory; rhetorical theory; relation

1. 引言

现代语言学兴起于20世纪初，被誉为"现代语言学之父"的索绪尔的理论不仅开启了西方现代语言学的建立和发展，而且对现代西方众多学科和领域产生了深远的影响，这一点已是人所共知。肯尼斯·伯克（Kenneth Burke）作为美国20世纪新修辞学以及修辞学复兴运动的主要代表人物在修辞学界享有"亚里士多德第二"之美誉。伯克修辞学说的一大特点是强烈的跨学科性，他的理论远远超出传统修辞学的边界，涉及了人类语言以及非语言符号交流的方方面面。在某种意义上说，伯克的修辞理论就是一种符号交往理论。在他的理论体系中可见大量的关于语言本质和人的本质的精辟见解，可以说是一种语言哲学。在研读伯克著述的过程中，我们时有发现索绪尔的语言理论对伯克的影响，两者在诸多有关语言的观点上存在着联系和一致性，存有渊源关系。本文拟对索绪尔的语言理论对伯克修辞学说所产生的影响进行一些讨论，希望有助于我们理解20世纪西方学术思想的某些特征。

2. 伯克的修辞学说与索绪尔语言理论的渊源关系

2.1 语言的符号性

伯克在《动机修辞学》（*A Rhetoric of Motives*）一书中对修辞做了如下的定义：

"修辞根基于语言本身的一个基本功能……运用作为符号手段的语言在那些本性上能对符号做出反应的动物身上诱发合作"（Burke 1969：43）。这个定义不仅对什么是修辞做了说明，同时也反映了伯克眼中的语言是什么。语言是一种符号手段，人使用语言符号进行交往，并运用语言符号手段在他人身上引致某种变化并招致某种行动。在关于修辞的定义中蕴含了伯克的语言作为符号的思想。在这一点上，索绪尔被公认为是符号学的先驱或创始人，他的"语言是一种表达观念的符号系统"（2002：37）的思想被看作是他的第一重要思想。索绪尔的这一思想确定了语言的符号本质，为后来许多领域的研究打下了基调。伯克对语言本质的这一认识不可能不受到索绪尔的影响。语言是一个符号系统成为伯克修辞学理论之基石，修辞的产生根基于语言的这一符号本质。

随之我们要问的是，语言又是一种什么符号呢？关于这个问题，我们也可以在伯克的著述中找到答案。伯克认为，"语言是象征[1]表达和交际的、任意性的、归约性的媒介，这种媒介适合讨论它本身以及所有其他事物。语言的三个功能是：传递信息、愉悦和说服那些熟悉语言规约的人。在其传递信息的能力中，语言证明了它自己是象征行动的集体化的形式"（Burke 2003：341）。伯克的这一段话论述了语言是一种任意性和规约性的媒介或符号。这里的任意性指语言符号与其所指的外部世界无一一对应的、必然的关系，有了任意性这一特征，语言就可以超越外在现实，不受现实的物理世界的限制，成为一个内在的系统。这里的规约性指语言符号的意义和所指不是杂乱无章的，而是语言共同体成员所认可的，是可以被共同体成员用来传递信息并互相理解的。伯克关于语言符号的特性的这一观点与索绪尔有着直接的关联。众所周知，任意性是索绪尔语言符号思想的精髓所在，他将任意性原则看作是语言符号的第一条根本原则。索绪尔反对把语言看成是一种分类命名集，他的著名论断是"语言符号连结的不是事物和名称，而是概念和音响形象"（2002：101）。语言是与外在事物无关的符号系统，它是一个与自然实在无任何映证关系的自足体系。关于语言符号的社会规约性，索绪尔认为，语言是一种社会符号，是社会惯例，语言符号和它所代表的意义之间的关系是通过社会规约所建立起来的，而且，语言符号一旦确立起来，个人则无法改变它，语言系统的使用不受个人意志所决定，这也说明语言是任意的。

可见，索绪尔和伯克都是从符号学的意义上阐释语言的性质的。语言是一种符号，而且语言是一种社会符号，语言是社会集体心智的产品。人们使用语言在社会中表达思想和交流感情，因此，语言在社会生活中起着重要的组织作用。就这一点来看，可以说索绪尔的语言学和伯克的修辞学都是符号学和社会心理学的一部分。

2.2　语言使用的选择性

伯克的修辞学说强调修辞是一种语言使用过程，是一种通过选择有劝说力的语言表达方式来对他人实施影响的过程。不同的语言表达方式来自于语言符号的不同组合，意义体现在对语言符号的构筑中。人类运用符号资源来表达意义和动机。在每一次修辞交往中，修辞主体对符号的使用是一种选择，一旦选择了一种表达法，实际上就是在回避使用其他表达法，就是对另外的表达法的拒绝。对语言符号的选择反映了发话者的修辞动机。话语的劝说性也来自于对语言符号的选择，语言符号的不同组合决定了修辞的不同效果和成败。在伯克看来，语言系

---

[1] "象征"这一概念本属于文学理论领域。按照《辞海》的定义，象征是"文艺创作的一种表现手法。指通过某一特定的具体形象来暗示另一事物或某种较为普遍的意义，利用象征物与被象征的内容在特定经验条件下的类似和联系，使后者得到具体直观的表现"（1999：1335）。因此，传统上，象征只作为一种文学修辞手段受到注意。伯克运用这一概念，并将其外延予以扩展。在伯克的理论体系中，"象征"指一切标记和符号，包括语言符号。

统是一种相互交织的选择网络，修辞的实施就是在这一语义网络中做出恰当的选择。

伯克的这一观点使我们想起了索绪尔的语言是一个关系网络系统的主张。语言的价值体现在关系之中，一切都是以关系为基础。索绪尔从两个向度分析语言的关系系统，一个是组合关系，另一个是聚合关系。聚合关系就是在多个表达式中的语言选择，组合关系就是对所选的语言符号的排列组合，说明意义的选择是如何体现的。索绪尔在论述聚合关系时说："在话语之外，各个有某种共同点的词会在人们的记忆里联合起来，构成具有各种关系的集合"（2002：171）。一个语言符号可以引起许多联想，使说话人记起与之有关的词，把不在场的语言要素联合成潜在的记忆系列，供语言要素组合时选择和替换，从而产生不同的意义。"任何一个词都可以在人们的记忆里唤起一切可能跟它有这种或那种联系的词"（2002：175）。这样看起来，聚合就好像是一座词语的仓库，只要交际需要，就可以从中选用合适的单位，组句成段，组段成篇，实现交际的意义。

可见，索绪尔的语言理论和伯克的修辞学说都将语言使用看做是一种选择的过程，意义是语言选择的结果。

2.3 语言创造意义

语言在本质上是为人类交际服务的，人类使用语言是为了满足各种交际活动的需要，比如传递思想和情感等。在这一点上，伯克更进了一步，认为意义并非原封不动地早已存在在那里，而是交际中的人通过对语言符号的选择来创造的，因此，意义不是先已存在之物，而是语言创造了意义。伯克进而从修辞学的视角进一步强调语言在表达态度和实现交际动机方面的作用，因为修辞最关注的是通过语言实施影响。伯克的语言是创造意义并进而表达态度和动机的系统的思想，反映出他的戏剧主义的语言观。戏剧主义的语言观关注语言的表态或劝勉（attitudinal or hortatory）功能，其核心是关注对他人行为的影响，而这种影响不是来自别处，是来自于通过词语的选择，形成"辞屏"（terministic screen）[1]来导引人们的行为。因为，选择某些词语的同时，即意味着放弃其他词语，人们对现实的关注也被导向这些词语所承载的领域。因此，语言的选择和运用总是浸透着说话者的态度和动机，意义也就来自于此。修辞就是"人通过词语的使用使他人形成某一态度或采取某种行动"（Burke 1969：41）。也就是说，词语的使用使态度得以形成，并因而使行动成为可能。其实，在这个论断中，也暗含了语言与思维密不可分的关系。实际上，在另外一本著作中，伯克比较明确地提出了他关于语言与思维的关系的观点。他说，"一种[语言]形式就是一种经验方

---

[1] 伯克创造的一个概念，指我们所运用的词语通过将我们的注意力导引向某一个方面来影响我们的观察，因此，我们所使用的词语之性质不仅影响着我们的观察性质，而且许多的"观察"恰恰就是特殊词语的含义，因为，我们的观察正是按照这些词语来形成的。也有人将其译为"术语屏""术语网""术语视界""规范网""词屏"等。关于这个概念的解读详见鞠玉梅（2010）。

式……它使我们以某种特定的方式去体验"（Burke 1968：143）。这样说的原因是，语言为我们认识世界和人类自己提供了范畴和分类的方式，从而规定和限定人们的思维。这等于说，通过语言使用的选择，人们的思维方式得以形成。语言与思想的关系密切。从修辞学的角度看，如果一个人接受了另一个人的语言表达，也就意味着接受了一种价值观和思想。可见，语言是一种强大的资源系统。

伯克的这一思想我们也可以从索绪尔的语言理论中找到源头。关于语言的意义，索绪尔（2002）认为，没有先于语言而预先存在的概念，语言符号的存在不是用来代表事先确定了的概念，符号的能指和所指的任意结合才不断地创造价值或曰产生新的意义。索绪尔从语言和思想的关系来说明语言符号的巨大功能，他说："思想离开了词的表达，只是一团没有定形的、模糊不清的浑然之物"，"没有符号的帮助，我们就没法清楚地、坚实地区分两个观念"（2002：157）。这几乎等于说，离开了语言符号，我们就不能思考，语言使得思想清晰，甚至语言本身就是思想，就是存在。语言不仅使人类交际成为可能，也是形成思想的重要方式。可见，在索绪尔的眼中，语言也是一种强大的资源系统。刘润清、张绍杰（1997）认为索绪尔之所以强调语言对思维结构形成的促进作用，是因为这是认识语言符号任意性的基础。语言符号的本质决定了语言意义产生的途径。

我们可以从伯克的关于意义、态度和动机的论述以及语言与思维的关系的观点中体察出他对索绪尔语言理论的继承和发展。他继承了索绪尔的语言是创造意义的符号资源系统的观点，认为意义不是先已存在之物，而是语言符号的多种组合所生成的，并从修辞学传统的劝说角度出发，将语言符号与态度和动机结合起来，语言符号的不同组合在创造意义的同时，也蕴含了发话者的态度和修辞动机。与此同时，伯克进一步发展了索绪尔的语言符号创造意义的观点，将语言看作人之生存所不能离开的东西，语言符号的使用是人类生存的基本保证，语言之于人成为了生存，绝非仅仅是一种表达意义的工具。

2.4 语言的本体地位

我们接着上一小节的阐述就可以看出语言的本体地位在索绪尔的语言理论和伯克的修辞学说中都有所涉及。索绪尔关于语言符号的差异产生意义这一观点，被后来的学者加以引申和发挥，例如解构主义者拉康（Jacaueo Lacan）就曾宣称，通过语言的差异，"诞生了一个特定语言的意义世界，在这个特定的语言中，世界万物才得到安排……是字词的世界产生了物的世界"（贝尔西 1993：18）。语言符号不是给先已存在的物或观念贴标签，这一观点成为后来后现代哲学大潮所倡导的话语中心论的先声。伯克也是这一潮流中的一员。

伯克关于语言的本体地位的观点可以从其著名的关于人的定义中看出。伯克认为，"人是运用符号（创造符号、滥用符号）的动物……"（Burke 1989：70）。这说明语言或符号是人安身立命的根基，语言是人赖以存在的方式。人的一切感知包括理解、态度、判断、选择与随后的行动都是通过人制造、使用与误用的符号的介入而形成的。人与世界之间需要语言作为媒介，人类对于世界的观察需要借助语言才能开展。人离不开语言，人之所以是人，就在于其对语言的使用。如果没有"语言使用"这个本质特征，人与其他动物就没有本质的区别。人有了语言，才有了价值观、动机和行动，才有了社会与政治。人之本质源自于人是使用符号的动物这一事实。语言的存在记录了人存在的价值，书写了人存在的意义。人是语言的创造者，同时更是语言的产物。伯克对于人的定义成为理解其修辞学说的必不可少的一点，他的修辞学理论不仅是关于修辞的学说，更是从宏观上关于人类符号行为的学说。伯克的关于语言与人的关系的观点与很多哲学家的观点一致，比如海德格尔（Martin Heidegger）的"语言是存在的家园"的说法，维特根斯坦（Ludwig Wittgenstein）的"语言是生活形式"的观点，伽达默尔（Hans-Georg Gadamer）的"语言是思维方式"的主张等。

除此之外，我们还可以从伯克的关于语言与现实的关系的论述中体会到语言的本体地位在伯克的著述中的重要地位。关于语言与现实的关系，伯克的观点是：语言并非反映原本的现实，语言构建现实（Burke 1989）。我们所选择使用的语言构成了一个独特的观察世界与现实的途径或视角，语言就是存在于我们和世界之间的媒介，因而其显现的并非原本的"现实"。我们所看到的"现实"只不过是通过语言的滤色镜而被过滤化了的世界或者说虚拟的现实（virtual reality）。我们所选择使用的语言为我们构建了一个认知框架，这一框架就是我们的价值观的体现，是一种态度、一种哲学。因此，不同语言符号的组合就会构筑其不同的认知框架，就会使现实的某些方面得到凸显，而另外一些方面则被淡化甚至完全遮蔽。语言使用的竞争就是视角之间的竞争，其目的在于使自身通过语言所描绘的现实能被人们当做真实的现实来接受。因此，语言建构着"现实"，创造着"世界"。我们无时无刻不生活在词语编制的世界里，它制约着我们的思维方式、情感世界以及社会活动。我们人作为使用符号的动物就注定要生活在语言的世界中，我们不可能直接面对实在，语言成为我们认识世界的媒介，我们终将逃不过语言的掌控。因此，不是我们在"说"语言，而是语言在"说"我们。我们所建构的语言世界成为我们生存的现实，它比物理世界更直接地作用于我们。伯克的关于语言与现实的关系的观点代表了西方哲学发生语言转向后的普遍观点，哲学家们纷纷摒弃了语言是反映客观现实的一面镜子的观点，取而代之的是现实是语言建构的产物，例如维特根斯坦说，"我的语言的界限意味着我的世界的界限"（1996：85）就是这一观点的代表。

笔者认为，伯克极力倡导语言创造意义，强调语言在人类生活中的重要地位，将语言的本体地位不断地上扬，其根源离不开索绪尔的语言符号的差异产生意义这一理论观点。语言符号的差异产生意义根源于能指与所指的任意性关系。能指与所指是语言符号系统里的两个基本因素，语言符号把概念和音响形象联结起来，音响形象是符号的"能指"，概念是符号的"所指"。语言符号与外在事物无关，概念是心理的，音响形象也并不是物质的声音，而是心理印象。语言符号系统内的关系主要是指能指与所指的关系。这一关系最基本的也是最重要的一点，是两者之间并无内在联系。索绪尔说："能指和所指的联系是任意的，或者，因为我们所说的符号是指能指和所指相联结所产生的整体，我们可以更简单地说：语言符号是任意的"（2002：102）。任意性是符号的本质属性。也就是说，能指和所指两者的联系不是特定的，而是约定俗成的。正是由于能指与所指之间的任意性关系，才使语言的意义产生于符号之间的差异。因为在语言符号系统内，能指和所指之间的联系既然是任意的，对这一联系的认定就只能依靠与其他的能指和所指的差异来进行。所以索绪尔说："任意和表示差别是两个相关联的素质"（2002：164）。由于能指与所指之间的任意性关系，不存在音响形象和概念之间的一一对应关系，概念意义的不同来自于能指的不同所造成的差异。将这一说法引申和扩展，即可发展成语言把握人和世界，人无法离开语言生存，世界是语言所塑造的世界，语言就成为人性的一部分。

从以上分析可以看出，伯克的修辞学说中对人与语言之关系的探讨也是在索绪尔之后对其理论的延伸和发展，与其他学科和领域一样，与索绪尔的学术思想不无关系。

2.5 二元对立的术语体系

索绪尔所开创的结构主义语言学之所以能对后世产生极其深远的影响，除了其理论原则和观点的创新外，还在于他在方法论方面的变革。他所运用的哲学二元论的研究方法也同样影响了整个20世纪的语言研究以及众多其他学科的研究，为它们提供了更为重要的研究方法论意义，这也是他经常被看作为语言哲学家的一个重要原因。哲学二元论趋向于从多元的复杂关系中找出最基本的二元划分。例如，在哲学或宗教中就存在着大量的二元划分，例如天与人、主体与客体、人与神、精神与物质、瞬间与永恒等。这种无所不在的二元划分是人类认知世界的基础，索绪尔将这种认知方式移植到语言研究中。他的语言理论就是建立在二元对立方式的基础上的，他以一系列的二分来构建他的整个语言学大厦，在语言理论研究中首先确定了一系列的二分对立。因此，许国璋认为，"索绪尔语言学是研究对立关系的语言学"（2005：101），这为现代语言学方法论体系的建立奠定了基础。索绪尔的魅力除了来自于他富有哲理的理论原则外，还来自于他的方法论方面的光辉思想。它所创建的语言与言语、共时与历时、能指与所指、组合关系与聚合关系、形式与实体等成对术语都已成为当代语言学领域的关键性术语，而且它们被许多社会科学和人文科学学科移植过去，成为很多学科共同使用的术语。可以说，索绪尔在科学史上的重要地位也是来自于他对这些成对概念的明确界定。

索绪尔提出一对术语后，接着阐述两者之间的差异或对立性，随后剖析两者之间所存在的联系或密不可分性，最后指出区分的意义。例如，索绪尔所提出来的第一对二分术语——"语言"与"言语"。索绪尔认为："语言和言语活动不能混为一谈"（2002：30）。接着他分别定义了什么是"语言"，什么是"言语"。语言"它既是言语机能的社会产物，又是社会集团为了使个人有可能行使这机能所采用的一整套必不可少的规约"（2002：30）。"言语却是个人的意志和智能的行为"（2002：35），"言语活动是多方面的、性质复杂的"（2002：30）。语言和言语具有不同的相区别的特征，语言是十分确定的，语言是人们能够分出来加以研究的对象，言语活动是异质的，而语言却是同质的。语言与言语又是密切联系的、互为前提的，语言是言语活动的主要部分，是形式的系统，言语是个体，是语言系统的实现。他的著名的"语言好像下棋"比喻将语言比作游戏应遵循的规则或惯例，把言语比作人们实际所玩的一次次下棋游戏。他的另一个比喻"语言是一个交响乐章"把语言比作乐章，把言语比作一次次的实际演奏。语言的本质超出并支配着言语的每一种表现的本质，然而，如果语言离开了言语的各种表现，语言也就失去了自身的具体存在。言语总是先于语言的，而且促使语言演变的也正是言语。索绪尔认为语言和言语的区分能够使我们明确语言学的研究对象，语言学家面对的是具体的、无限的语言事实，要研究这些纷繁复杂的现象，必须从中抽象假设出一个结构系统来，通过对这个结构系统的描写和研究进一步对言语事实作出解释。语言研究的对象和范围即是从具体的、无限的言语事实中概括出抽象的、有限的语言系统。王希杰认为，"语言和言语的划分，是现代语言学最重要的方法论原则之一"（1994：15）。其实这一区分还具有一般科学方法论的价值，它阐明了任何科学程序所必需的抽象过程，为我们研究千变万化的客观世界提供了一种科学的方法。

索绪尔的语言学研究方法论对其他人文社会科学学科的影响可以从伯克的修辞学研究方法中找到一些印证。在伯克的修辞学说中，也存在一些二元对立的术语，如行为（action）与运动（motion）、反映（reflection）与背离（deflection）、同一（identification）与分离（division）等。伯克修辞学所关注的是这些成对术语中的前者。"行为"指的是人类运用语言符号的象征行为，行为的产生隐藏着目的和意愿，语言作为象征行为意味着语言符号的使用具有选择性和目的性。"反映"源自于语言本质上是修辞性的这一观点，语言的使用带有明显的价值取向，渗透了使用者的意识形态。当我们选择使用某一词语的时候，它就为我们观察世界提供了一种角度；与此同时，不可避免的是语言符号的使用必然对我们的观察和理解造成扭曲。伯克认为，"即使任何词语都是对现实的反映，但就其本质来说，词语对现实而言肯定是有选择性的，因此，它同时也是对现实的一种背离"（Burke 1989：115）。"同一"是伯克修辞学思想的核心概念，指说听者双方在交往中取得的一致性，是修辞实施的目标。"同一"源自于"分离"，人既是与他人相连的，又是与他人相分离的。在任何修辞情景中都存在着同一与分离两股力量的较量，正是通过修辞，我们消除分离，实现同一。这些成对术语的使用体现了伯克的二元思维方式，以至于有学者把他称作一个"二元论者"（如Rueckert 1994；Conrad & Macom 1995等）。

3. 结语

本文从五个方面论述了索绪尔的语言理论对伯克修辞学思想与研究方法的影

响，探索了这两位语言学大师和修辞学大师之间学术思想的渊源关系。索绪尔语言学所留下的财富是极为博大精深的，在世界文化史中占有重要的地位，"它是包括结构主义语言学在内的结构主义、解构主义和符号学等西方现代思想的来源"（陈本益 2005：472）。可以说，整个20世纪的语言研究以及其他人文社科研究都与索绪尔语言理论有着数不清的传承关系，伯克修辞学也是其中之一。我们认为，将两者的理论与学说进行并行梳理，找出其交合点，也是回顾和整理20世纪学术思想的一种有益尝试。希望本文能为"索绪尔研究"这一历久弥新的领域的发展发挥一点作用，并以此推动国内的伯克修辞学研究。

参考文献

[1] 贝尔西，1993，批判实践[M]，胡亚敏译. 北京：中国社会科学出版社.

[2] 陈本益，2005，索绪尔语言学对西方现代思想的影响综论[A]，载赵蓉晖（编），索绪尔研究在中国[C]. 北京：商务印书馆. 463-472.

[3] 辞海编辑委员会，1999，辞海[Z]. 上海：上海辞书出版社.

[4] 鞠玉梅，2010，通过概念"辞屏"透视伯克的语言哲学观[J]，现代外语（1）：39-45.

[5] 刘润清、张绍杰，1997，也谈语言符号的任意性问题[A]，载黄国文、张文浩（主编），语文研究群言集[C]. 广州：中山大学出版社. 42-58.

[6] 索绪尔，1916 / 2002，普通语言学教程[M]，高名凯译. 北京：商务印书馆.

[7] 王希杰，1994，语言和言语问题值得进一步研究[J]，汉语学习（5）：15-17.

[8] 维特根斯坦，1996，逻辑哲学论[M]，贺绍甲译. 北京：商务印书馆.

[9] 许国璋，2005，关于索绪尔的两本书[A]，载赵蓉晖（编），索绪尔研究在中国[C]. 北京：商务印书馆. 77-113.

[10] Burke, K. 1931/1968. *Counter-Statement* [M]. New York: Harcourt, Brace.

[11] Burke, K. 1950/1969. *A Rhetoric of Motives* [M]. Berkeley: University of California Press.

[12] Burke, K. 1989. *On Symbols and Society* [M]. Chicago: The University of Chicago Press.

[13] Burke, K. 2003. *On Human Nature: A Gathering While Everything Flows* [M]. Berkeley: University of California Press.

[14] Conrad, C. & E. A. Macom. 1995. Re-visiting Kenneth Burke: Dramatism / Logology and the Problem of Agency [J]. *The Southern Communication Journal* 61, 1: 11-28.

[15] Rueckert, W. 1994. *Encounters with Kenneth Burke* [M]. Urbana: University of Illinois Press.

索绪尔和维特根斯坦语言游戏观之对比研究

吉林大学　伍思静

摘　要：作为人类与生俱来的本能性创造活动，"游戏"被很多哲学家和语言哲学家借以阐释自己的语言观和世界观。作为"结构主义语言学之父"的索绪尔和"语言（分析）哲学精神教父"的维特根斯坦不约而同地采用"象棋游戏"和"游戏"来描述语言现象，阐发自己对语言的理解；然而其内涵却大相径庭。本文对二者异同进行对比研究，力图挖掘出现差异的深层次原因，最终展示索绪尔与维特根斯坦的不同语言观。

关键词：语言游戏；索绪尔；维特根斯坦

Comparative Studies on Game Theory of Saussure and Wittgenstein

Abstract: As an inborn creative activity of human beings, the 'game' has been employed by many philosophers and philosophers of language to explicate their views of language and world. Saussure, the father of modern linguistics, and Wittgenstein, the spiritual godfather of philosophy of language, both make use of 'a game of chess' and 'language game' to describe language phenomenon and to illustrate their own understandings of language, while the contents of their 'games' are dramatically different. This paper compares these two metaphors, analyzes deep reasons resulting in these differences and attempts to illuminate Saussure's and Wittgenstein's different views of language.

Key words: language game; Saussure; Wittgenstein

　　"游戏"（game），如影随形地陪伴在人类的产生与发展过程中，是每个孩子乃至成人都恋恋不舍、全心投入的自由世界，是人们在试图摆脱生活中精神和肉体的束缚时做出的对理想和自由追寻的本能性创造性活动。从古至今，无数先哲对"游戏"从不同角度做出了阐释和理解，而哲学家和语言哲学家更是纷纷借用"游戏"这一概念来阐述自己的语言观和世界观。作为"结构主义语言学之父"的索绪尔和"语言（分析）哲学精神教父"的维特根斯坦不约而同地采用"象棋游戏"和"游戏"来描述语言现象，阐发自己对语言的理解；然而，由于二人出于迥然不同的语言观对语言和游戏进行类比，本体和喻体虽然相似，阐释的内涵和目的却大相径庭。

1. 何为"游戏"

"游戏"无疑是人类无数社会活动中的一种，且是最美好愉悦的活动之一。人们，尤其是哲学家们，很早就注意到了"游戏"这一社会活动的重要性。弗洛伊德说："孩子们最喜爱、最热心的事情是他们的玩耍和游戏。难道我们不能说，在游戏时每个孩子都像个创作家？因为在游戏时他创造了一个属于自己的世界，或者说，他用一种新的方法来安排他那个世界的事物，来使自己得到满足。"（弗洛伊德1987：42）赫伊津哈更是将游戏放在了一个非常高的位置上，他认为"真正的、纯粹的游戏是文明的柱础之一。"（赫伊津哈2007：25）那么，到底什么是"游戏"呢？

《牛津英语词典》给出了116条关于"游戏"的定义，然而仍然不能完全概括其内涵和外延。事实上，"游戏"是一个非常含糊而开放的概念。比如，从内涵看，人们通常认为"游戏"具有娱乐性，但是如"杀人游戏"这样的"游戏"恐怕难与娱乐挂钩；"游戏"的竞争性也并不普遍，比如儿童玩的藏猫猫、修房子、打水漂等游戏基本是不含有竞争性的。同时，游戏的外延也并不清晰："游戏"并非是人类所特有的社会活动，动物们常常有嬉戏打闹的游戏；另外，随着时代的发展，游戏外延还在不断扩大，比如大多数人会把网上购物、网上交友当成一种游戏，但是这种游戏的性质已经完全不同于传统意义上的游戏了。

事实上，不同学者对"游戏"这一活动从不同的角度进行阐释。早期经典游戏理论，以斯宾塞为代表，认为游戏是人和动物对剩余精力的无目的的消耗；以拉察鲁斯为代表的"松弛说"认为，游戏的目的在于消除工作带来的疲劳，松弛神经，恢复体力；以格鲁斯为代表的"预备说"认为，游戏旨在为未来的生活做准备，是人们的生物本能活动；以弗洛伊德为代表的"精神分析说"则认为，游戏是人们借以表达日常生活中未能表达的欲望和冲动的最佳方式……可见，"游戏"这一看似简单的概念包含了极其丰富的内涵。因此，索绪尔和维特根斯坦不约而同地意识到了"游戏"与语言的相似之处，将二者进行类比以阐释各自的语言观。

2. 索绪尔：象棋游戏与语言

现代语言学之父、结构主义语言学的代表人物索绪尔多次在其讲述中以国际象棋这种游戏与语言进行类比。在论述语言的共时态和历时态的独立性和相互关系时，他提出了这个比喻，认为象棋与语言至少存在三个方面的可比性：第一、下棋时棋盘的状态与语言的当下状态相似。棋子的价值由它们在棋盘上的位置所决定；同样，在语言中，每个语言要素的价值取决于它与其他各项要素的关系。第二、棋盘状态和语言系统都是暂时的，会由一种状态转变成另一种状态。虽然，在这些变化中还隐藏着相对不变的东西，即游戏规则，它产生于游戏开始之前，并存在于游戏结束之后，但是仍然不能改变游戏或者语言状态的临时性。第三、要想把棋盘上的一个稳定状态过渡到另一个稳定状态，只移动一个棋子即可。同样，在语言里一个语言成分的变化足以使语言从一个共时态过渡到另一个共时态（Saussure 2003：88）。

同时，索绪尔也注意到了象棋与语言间一个不可比的方面，即下棋的人有意识有预谋地移动棋子，改变棋局状态；而语言的变化却不会有什么预谋，其要素是自发或者偶然地移动变化的。索绪尔认为，这一不可比性正好说明了语言学中区别共时态和历时态的必要性：因为在盲目的力量的推动下，历时事实与共时系统更加独立而有区别，绝不可混为一谈。

索绪尔采用国际象棋的比喻的目的是为了阐述其关于语言的主要思想（如表1）：

表1　索绪尔关于语言与国际象棋的类比

语言	国际象棋
语言vs.言语	游戏规则vs.一盘棋局
共时vs.历时	当前棋局vs.棋局变化
句段关系vs.联想关系	棋子之间关系vs.棋子材质或名称

首先，索绪尔认为进入语言学研究领域的第一个"分岔口"就是言语和语言。语言是"说话者赖以运用语言规则表达他的个人思想的组合"；言语则是指"使他有可能把这些组合表露出来的心理、物理机构"（索绪尔 2003：35）。联系到国际象棋比喻，语言相当于国际象棋的普遍规则，是社会性的、普遍性的、超越个人的系统和规则。这些规则在下棋之前就已经存在，在棋局结束后也还继续；这些规则不会以个人的意志为转移，是纷扰的棋局中一个非常确定的对象，个人需要经过一个时期的习得才能一点一滴地掌握。另一方面，言语就相当于棋手下出的一盘盘棋局，是充满个人性、特殊性和偶然性的。语言支配言语，言语依附于语言，又体现语言；同理，象棋规则支配棋局，棋局依附于规则，又体现规则。

其次，经过第一个"分岔口"的选择后，语言学家进入语言研究领域，在这里又遇到了第二个交叉点——历时与共时。共时研究类似当前的棋局的状态，是语言系统在某一时刻的存在状态，主要研究在同一时刻各要素之间的关系；历史研究类似棋局的演变过程，体现语言系统在一个时间范围内的演化和嬗变，主要研究一个要素在历史上的演进过程。就如当前的棋局比棋局的演变更为重要，"旁观全局的人并不比紧要关头跑来观战的好奇者多占一分便宜"（索绪尔 2003：129），语言的当下状态也比历史演进更为重要，因此共时研究比历时探讨更有研究的必要。

接下来索绪尔做出了第三个重要区分：句段关系与联想关系。索绪尔认为，一方面，在句子中，语言要素（语词）一个挨一个排列在一起构成语言链条，他们之间是句段关系；而在句子之外，人们的记忆中各个有共同点的要素联合起来构成各种各样的集合，他们之间是联想关系。句段关系对应于棋局中棋子之间的关系，每个棋子在棋局中占有一定的位置，自身没有独立的意义，其价值体现在它与其他棋子的关系之中。联想关系对应于棋子的选择，不管你是选择木质的，还是象牙的棋子；不管你是称呼一个棋子"车"，还是"马"，只要它和其他棋子的关系没有改变，棋子本身的价值和现实性就并不受到影响。

3. 维特根斯坦：游戏与语言

3.1 语言游戏观：一场"哥白尼革命"

维特根斯坦"这位传奇式的天才哲学家在他的一生中先后创立了两种迥然不同、互不相容的哲学体系，而这两种哲学体系分别启迪了维也纳逻辑实证主义与牛津–剑桥日常语言哲学这两个重要学派，从而有力地推动了分析哲学、语言哲学的形成与发展。维特根斯坦也因此而被尊为语言（分析）哲学的'精神教父'"（刘龙根 2001：101），体现他后期思想的经典之作《哲学研究》代表了20世纪西方哲学的一次重大转向，其核心思想"语言游戏论"是维特根斯坦为哲学研究做出的最重要贡献之一，被誉为20世纪语言哲学的"哥白尼革命"。

（1）"游戏"：从一场足球赛说起

维特根斯坦回忆，他在路过一个足球赛场时得到灵感，以游戏比喻语言，认为语言是一种以词语为工具，充满生机、乐趣和变化的活动，即"语言游戏"。然而，不同于大多数的哲学家，维特根斯坦并没有对"语言游戏"进行定义，相反，他故意不对这一概念下定义，认为并不存在一个"共同的东西"能够使他将这个词用于全体。而只有现象之间的相互关系使它们彼此关联，并最终形成"语言"（维特根斯坦 2002：46）。这就像各种各样的游戏，它们互相独立而又互相关联，并没有什么绝对的共同的地方，却又发现它们因为互相之间的关系维系着一个重叠交叉的网络，这个网络可统称为"游戏"。

（2）家族相似性：语言的真实面貌？

维特根斯坦在《哲学研究》中明确将各种"游戏"之间的关系称为"家族相似性"。他认为，各种游戏之间虽然有很多相似之处，却没法找到一个普遍的共同点，"因为家族成员之间各种各样的相似性：如身材、相貌、眼睛的颜色、步态、秉性，等等，也以同样的方式重叠和交叉——我要说：'各种游戏'形成了家族。"（维特根斯坦 2002：48）维特根斯坦进一步总结了"家族相似性"的两个条件：第一、在一个论域内，每个个体都能找到跟它在某一点上相同的另一个个体；第二、在一个论域内，至少有两个个体能找到共同之处。因此基于"家族相似性"，维特根斯坦认为语言是由各种各样的"语言游戏"组成的，其内在的联系构成了"语言"这一论域，因此语言是不具有普遍的共同本质的。

3.2 维特根斯坦"语言"与"游戏"的可比性

维特根斯坦多次以国际象棋来比喻语言，他认为"'词到底是什么东西？'这个问题类似于'象棋中的棋子是什么东西？'"（维特根斯坦 2002：145）因此，为了更深入地理解维特根斯坦语言游戏的内涵，我们可以用图表形式来描绘语言与国际象棋的相似之处（如表2）：

表2　语言与国际象棋的相似之处

语言	国际象棋
人类活动	人类活动
语言要素（意义、用法）	棋子（价值、走法）
语境	棋局
语言规则	象棋规则

虽然维特根斯坦在《哲学研究》中并未直接描述语言与游戏的相似之处，但是从其论述中可以看出，维特根斯坦用游戏与语言做类比旨在突出语言的以下特性：

第一，多样性

语言游戏的多样性是维特根斯坦明确提到的第一个特性。他列举了"下命令，服从命令；描述一个对象的外观，或给出对它的度量；从一种描述（一张绘画）构造一个对象；报告一个事件；就一个事件进行推测……"等十五种"语言中的工具以及这些工具的使用方式的多样性"（维特根斯坦 2002：18）。即使同为"描述"，也会有无数种不同性质不同对象的描述，比如描述外貌、描述情绪、描述位置、描述感觉……因此，语言游戏是多种多样，无法一一列举；语言中的语词通过不同的使用也具有了不同的功能，也是无法穷尽的。因此，为语言及其功能开列的任何清单都是不可能完全实现的。语言，如同游戏一样，在其使用中具备了多样性。

第二，无本质性

语言游戏的多样性使人们开始思考，在语言这个大范畴下，是否存在一些共同的本质性的东西，主宰这整个语言世界？自哲学产生以来，哲学家们坚信在世界和事物纷繁芜杂的表象下存在一个共同、普遍的本质，并孜孜以求地探索着这个本质。前期维特根斯坦也承认本质的存在，并在《逻辑哲学论》中试图通过对语言的逻辑分析来揭示世界的本质，这引起了20世纪哲学界的第一次转向——"语言转向"。在后期他坚决地否认了本质的存在，认为哲学家们对本质的执着追求正是哲学陷入泥沼的根源。因此，他提出了"语言游戏说"，强调语言如游戏，无本质可言，力图消解长期以来的"哲学病"，走出哲学家们追溯本质的怪圈。

维特根斯坦认为，游戏并非如人们想象那样因为拥有一个统一的名称而拥有一个共同的本质，事实上没有哪种所谓的本质性特征是所有游戏共有的，各类游戏以"错综复杂的重叠、交叉的相似关系"相互联系并因此形成一个大的"游戏家族"，存在"家族相似性"。因此，游戏无本质，如果说有什么共同的东西，那就是彼此联系中展示出来的"相似性"。可见，语言游戏论的主要目的就是拒斥语言的共同本质。语言如同游戏，是多种多样的用法的集合，而不是纯粹的语法化的"结晶体"。维特根斯坦将语言与游戏进行类比，表明"语言游戏"没有共同的本质特征，只有"家族相似性"。因此，语言的意义，不再是语言的本质，而是在具体的使用中展示出来的相互联系与相似关系。

第三，工具性

语言的工具性是维特根斯坦提出的又一重要特征，反映了维特根斯坦对于语言意义问题的深刻思考。前期维特根斯坦的意义理论被称为"图像论"，他提出，命题是事实或者事态的逻辑图像，而"图像之为真为假，就在于它的意义与实在之一致或不一致"（维特根斯坦2003：194）。"图像论"归根究底是意义指称论的一种，认为语言的意义取决于客观现实。后期维特根斯坦批判了自己前期所提倡的"图像论"，提出全新的意义"工具论"：语词和语言都是工具，在使用中获得意义。词的意义在于其用法，而不在于其指代的东西。"工具论"着眼于语言的用法和功能，维特根斯坦据此提出了一句影响极其深远的断言"语言即使用"。从此之后，语言哲学家们对语言意义的探索的主流从纯粹地追寻字面意义转而进入语言使用领域，引起了哲学界的又一次转向——"语用学转向"。

语言游戏论彻底抛弃了把意义看成客观世界的反映这一传统观念，将语言看做一种游戏，认为语言的意义就在于其用法。语言就像工具一样，只有在使用中才能获得意义，就如同一枚棋子，只能在象棋游戏中才能获得价值和意义。

第四，规则：规约性与随意性

维特根斯坦认为，语言如同其他一切游戏一样也需要遵守一定的规则，这个规则包括字词的用法和组合规则，也就是我们常说的语法。它们决定了语词的排列是否正确，是否有意义，是否能表达言者的目的。然而，他继而指出："语法不告诉我们语言应当怎样构成才能实现它的目的，才能对人类产生如此这般的影响，它只是描述而绝没有说明记号的使用。"（维特根斯坦 2002：208）可见，语言游戏的规则并不是凌驾于语言之上的，而是语言在使用中的准则，只有在使用中才能加以解释和说明。词句的意义不是由语言规则来确定的，而是人们在使用环境中确定的，没有孤立的、不变的、完全脱离了语言环境和语言使用的意义。

维特根斯坦承认语言规则的规约性的同时，更强调规则的随意性，认为语言游戏的规则是预先制定、可以改变的；语言游戏是盲目进行的，人们在使用语言的时候并不知道其规则，只是在进行语言游戏的过程中了解规则、找到规则并掌握规则。维特根斯坦特别强调语言游戏本身是一个动态的活动，绝不是掌握了规则就能够进行的，而必须在游戏和使用的过程中掌握规则和意义。

3.3 索绪尔和维特根斯坦语言观对比研究

索绪尔用语言–象棋的比喻来阐释其结构主义语言观，而维特根斯坦则用语言–游戏的比喻来表明其语言游戏观，虽然类比的本体和喻体相似，但因二人语言观不同，两个学说也就存在根本性的差异，主要表现在以下几个方面：

第一，产生的哲学背景不同。索绪尔的语言观是建立在对前期"历史比较语言学"和"语文学"的批判之上，他在《普通语言学教程》开篇处就指出，"尽管（比较）学派曾有过开辟了一块丰饶的新田地的无可争辩的功绩，但还没有做到建成一门真正的科学。它从来没有费功夫去探索清楚它的研究对象的本质。可是没有这一手，任何科学都是无法制定出自己的研究方法的"（索绪尔 2003：21）。通过细致的研究，索绪尔给出了问题的答案，并阐明了自己的语言观：语言是一个符号系统，并以此为基础通过一系列二元对立的区分，划定了语言学的研究范围，发展了语言学的研究方法，创立了现代语言学。

维特根斯坦的语言游戏观则是建立在对传统哲学界的意义指称论的批判之上。他并没有受过专门的哲学训练，却以独特的思想和见解创立和主导了20世纪哲学两个截然不同的发展方向。前期的维特根斯坦致力于逻辑语言哲学的研究，创立了分析哲学传统，产生了深刻影响；后期他又亲手终结了自己主导的分析哲学，以全新的视角提出了颠覆性的语言哲学观点——语言游戏论，因此，人们认为他既是实现哲学"语言转向"的"第一人"，又是完成这一转向的"终结者"。

第二，对本体性质的认识不同。虽然索绪尔和维特根斯坦的类比主体都是语言或者语言系统，但是他们各自对于这个系统性质的认识是迥然不同的。索绪尔强调的是语言系统内部的关系，即价值；而维特根斯坦强调的则是语言系统的外部联系，即使用。

索绪尔认为语言学的研究对象应该是固定的语言系统，是"不容随意安排改变"，"只知道自己固有的秩序的"。他借用国际象棋的比喻说明了这一事实：国际象棋由何处传入、棋子的质地等外部因素都不是象棋的内部事实，不值得大家反复考虑。而棋子的多少、棋子的走法则是内部因素，是系统内部的规则，是人们需要仔细研究的东西。这个比喻说明，索绪尔心中的语言系统是内部的，认为我们对语言的关注应该停留在语言内部系统的机制和规则上，停留在语言内部要素之间的关系即价值之上，而不是系统之外的外部世界。

维特根斯坦所谈论的语言游戏则是一个开放式系统。他认为，首先，语言游戏的种类繁多，其外延远远不是固定的、封闭的。其次，语言的意义在于语言的使用，因为语言的使用本身就是无穷无尽、多元动态的，因此语言的意义也是开放的，不需要也不可能按照某种规则固定下来。再次，游戏的规则不是凌驾于语言之上，而是体现在语言使用之中。规则在人们盲目的使用中不断地被采用、挑战、甚至创造。因此，语言的意义永远不会被禁锢在固定的、封闭的规则之中，而是体现在变化的、开放的使用之中。

第三，对喻体的关注点不同。虽然二者的喻体都是象棋或者游戏，但是在采用这一喻体的时候，二人的着眼点是不同的。索绪尔最关注的是棋盘当时的状态、棋子彼此之间的联系所决定的棋子的价值、棋子的前后移动对棋局造成的影响等内部因素，反映了他所关注的主要是语言系统这一主体的当下状态、语言要素的价值及其内部规则。而维特根斯坦采用游戏这一喻体，更多地强调游戏多种多样、游戏没有普遍本质、游戏规则只能在使用中实现和掌握，反映了他所关注的是语言的多样性、无本质性和规则的易变性，可见维特根斯坦所强调的是语言游戏在使用中的价值，而不是在某一固定时间段的状态。

第四，类比的目的不同。索绪尔在语言领域探索的目的就是探求语言系统的本质、机制或者结构。他的基础划分——言语和语言就体现了他在语言观上的本质主义实质。在他看来，语言是本质，正如棋子的价值和游戏规则决定棋子的走法和使用；言语是语言的具体表现，被语言所决定，正如象棋棋子的质地、游戏的起源等外部因素。在这两者中，重要的是语言这一内部因素，即语词的意义和语法的规约。

维特根斯坦语言游戏论的最根本目的就是反本质论，彻底抛弃对于本质的追求，转而寻求家族相似性，进而彻底消解西方哲学传统中的本质主义倾向。他强调，一些哲学上的问题，如"什么是语言""什么是命题""什么是精神"等是永远不可能有确定答案的，追求本质是一种"偏见"或者"幻觉"。正是这些根深蒂固的幻觉束缚了哲学的研究，让我们总是在企图找到被某种共同特征规定的意义，而这种共同特征本身就是不存在的。

第五，产生的影响不同。索绪尔的结构主义思想对后人产生了深远的影响，而20世纪语言研究的成就足以证明索绪尔语言理论的历史价值。二、三十年代捷克布拉格学派的建立导致结构主义语言学的迅速发展；哥本哈根语言学派进一步发展索绪尔关于符号学的思想，创立了"语符学"；美国的结构主义学派更是将结构主义的共时研究推向高潮。"语言"至今仍然作为各种语言学流派的研究对象，索绪尔语言观的基本思想仍是各主要语言学流派的存在前提。

维特根斯坦的语言游戏论扭转了传统哲学的本质主义倾向，强调把语言和哲学研究放到日常生活的使用中去，认为生生不息、不断变化的日常语言，正是语言学和哲学研究的源泉和对象。语言游戏说反对本质主义，将语言研究与逻辑语言彻底分离，重新将它们放归了人类世界，赋予原本刻板枯燥、且似乎已经走投无路的语言学和哲学研究以强大的生命力，带来了哲学界的巨大转折，从此之后，语言哲学的面貌已经焕然一新，生气勃勃。

4. 结语

索绪尔利用语言-象棋这个类比来说明语言系统内部要素的当下状态应该成为语言学研究的核心，将语言学研究限定到固定、内在的系统中来，以确定语言系统内部要素的价值、联系和规则。而维特根斯坦则利用语言-游戏这个类比来说明语言的多样性和无本质性，语言的意义唯有在日常使用中得以体现，语言规则不是凌驾于语言之上，而是体现于语言使用之中的。二者最根本的差别就在于本质主义还是反本质主义，科学中心还是人文中心。

诚然，结构主义语言学能够给我们带来看上去更先进的方法和更精确的理念，但是他们将语言要素当成固定的、无生命的物理对象进行分析时，离我们的生活、离现实的使用越来越远，最终抹煞了语言这一最根本的社会现象所包含的丰富的人文底蕴和文化价值。维特根斯坦语言游戏论力图恢复语言的人文主义精神，使哲学和语言学的视野回到广阔的日常生活形式之中，在人们日常生活实践之中研究语言的使用与意义，使语言研究摆脱了结构主义的束缚，超越语言符号世界，走向了更加鲜活的人类世界。

参考文献

［1］弗洛伊德，1987，论创造力与无意识[M]. 北京：中国展望出版社.

［2］弗洛伊德，1986，弗洛伊德后期著作选[M]. 上海：上海译文出版社.

［3］赫伊津哈，2007，游戏中的人：文化中游戏成分研究[M]. 广州：花城出版社.

［4］江怡，1999，维特根斯坦[M]. 长沙：湖南教育出版社.

［5］李洪儒，2010，索绪尔语言学的语言本体论预设：语言主观意义论题的提出[J]，外语学刊（6）.

［6］刘龙根，2001，维特根斯坦语义理论刍议[J]，吉林大学社会科学学报（5）.

［7］尚志英，1992，寻找家园：多维视野中的维特根斯坦语言哲学[M]. 北京：人民出版社.

［8］舒炜光，1982，维特根斯坦哲学述评[M]. 北京：三联书店.

［9］索绪尔，2003，普通语言学教程[M]. 北京：商务印书馆.

［10］维特根斯坦，2002，哲学研究[M]. 北京：商务印书馆.

［11］维特根斯坦，2003，维特根斯坦全集[M]. 石家庄：河北教育出版社.

［12］徐春英，2011，走出哲学的禁地：维特根斯坦语言哲学思想研究[M]. 北京：中国社会出版社.

［13］辛斌，2003，当代语言研究中的游戏观[J]，外语教学与研究（5）：331-336.

[14] Saussure, F. d. 2003, *Course in General Linguistics* [M]. Beijing: Foreign Language Teaching and Research Press.

[15] Sean Sheehan. 2008, *Wittgenstein: A Beginner's Guide*[M]. Dalian: Dalian Technology University Press.